KB101959

보들레르

저주받은 천재 시인

차례
Contents

들어가면서

　남들에게는 전혀 경험해보지 못한 새로운 전율을 가져다주었다지만, 정작 작가 자신에게는 집필 자체가 혹독하기 그지없었던 시집 『악의 꽃』. 보들레르는 이 책으로 서양 현대시의 물꼬를 틀었다지만, 그의 길지 않은 삶은 꽤나 고난했다. 서른여섯이 되서야 어렵사리 시집 한 권을 겨우 펴낼 정도로, 게으른 듯 보이면서도 치열했던 그의 삶의 궤적을 따라가 보는 작업은 고통과 시련 속에서 미래의 대시인이 천천히 형성되어 가는 과정에 동참하는 것이며, 시대와 불화하던 천재의 몰락을 목격하는 일이다.

　각 시대별로 나름의 보들레르가 있었다는 통설을 굳이 언급하지 않더라도, 보들레르 문학성의 지평은 21세기에도 여전히 확장될 것이 분명하다. 시인이 타계한 지 2년 만인 1869년 절친한 친구 아슬리노가 펴낸 최초의 평전『샤를르 보들레르, 생애와 작품』이래, 2002년 보들레르 연구의 권위자인 피슈아가 방대한 관련 자료를 모아 분류집대성한『보들레르 사전』에 이르기까지 이 분야의 연구 축적은 가히 놀랄 만하며 새로운 가능성 또한 열려 있기 때문이다.

내용에 있어 앞뒤로 양분되는 이 책의 전반부는 '자신의 문학세계만큼이나 매력 있는 인간 보들레르는 과연 누구였는가?'를 다룬다. 세상에 복수하고자 생전에 자신의 심정과 반항, 애증을 적나라하게 담은 자서전을 펴내려 하였으나 끝내 뜻을 이루지 못한 시인 자신 이후, 기라성 같은 모든 보들레리앙(보들레르 연구가)들이 일생에 한 번은 도전하게 되는 이 전기 분야는 1987년 초판이 나온 기념비적인 피슈아의『보들레르 평전』을 정점으로 최근에도 트르와이아, 들라뤼, 잭슨 등으로 끊임없이 이어지고 있다. 여기에 실은 보들레르의 약전略傳은 피슈아가 작성한 상세한「연대기」를 바탕으로, 시대구분은 보솔리에를 참고했으며 서술체계는 쥐스랑의 것을 따랐음을 밝혀둔다.

한편 이 책의 후반부는 시인 보들레르를 둘러싸고 있는 아우라(後光效果)의 실체를 그의 일기와 편지, 사진과 자전적 단편소설 등을 통해 파악해 보려는 필자 자신의 노력을 담고 있다. 대학 시절 보들레르를 처음 접한 이래 사반세기 이상 그의 문학과 가깝게 지내는 동안, 보들레르가 에드거 앨런 포에 대해 갖고 있었다던 가족적 유대감을 필자 또한 『악의 꽃』의 시인에게 느낀 것도 사실이다. 그리고 말미에서 보들레르 문학의 실체이며 원천인 『악의 꽃』에의 초대도 잊지 않았다.

출생에서 청소년기까지(1821~1839)

샤를르 보들레르는 1821년 4월 9일 프랑스와 보들레르 (1759~1827)를 부친으로, 카롤린느 드파이(1793~1871)를 모친으로 파리에서 태어났다. 파리대학에서 신학을 공부한 부친은 환속한 사제로서 첫 번째 결혼에서 이미 아들 하나를 두었는데, 이 사람이 장차 법관이 될 이복형 알퐁스이다. 자유주의 사상에 젖은 지적인 귀족풍의 부친 프랑스와는 대단히 특이한 인물로서 미술에 대한 해박한 지식을 갖고 있었고, 그와 동시에 소질 있는 아마추어 화가이기도 했다. 나폴레옹 제정기에 부친은 상원의 사무국장으로 재직했었다. 모친은 어린 시절을 영국에서 보낸 고아 출신으로 알려져 있다. 보들레르 양친의 나이 차이는 무려 34살이었다.

부친은 1827년 사망하였는데, 당시 6살이라는 어린 나이였기 때문에 부친에 대해 잘 알 수 없었을지라도, 할아버지처럼 관대했던 아버지의 이미지는 샤를르의 기억 속에 각인되었다. 한편 모친은 1828년 11월, 오픽 소령과 재혼을 한다. 계부의 자격으로 샤를르의 공동후견인이 된 오픽은 직업군인다운 절도와 권위의식이 몸에 밴 인물이었다. 모친은 결혼 후 한 달이 안 된 12월에 여아를 사산하는데, 이 사실을 보들레르는 끝내 몰랐다. 선친이 샤를르에게 물려준 유산관리를 위해 가족회의가 구성된다. 아주 어린 시절부터 그를 둘러싼 이런 가정환경은 보들레르 특유의 고통과 우울, 모멸감 등 비참한 삶의 모든 틀들을 형성하게 된다. 이에 관해 후일 보들레르는 "내 인생은 처음부터 저주받았음에 틀림없어요. 게다가 이것은 평생 계속됐지요."라고 술회한다.

1832년 7사단의 참모장으로 임명받은 오픽 중령을 따라 모자母子는 부임지 리용으로 갔다. 리용 체제기간은 1836년까지 이어졌는데, 이는 곧 보들레르가 중학교 1학년부터 고등학교 2학년까지 중등학교 생활을 보낸 시간이었다. 보들레르는 중학교 2학년 때부터 왕립중학교의 기숙학생이 된다. 그는 성적이 좋은 학생이었지만 규율에 복종하지 않았으며 대단히 신경질적이었다.

이복형에게 보낸 편지에서 그는 어떤 조교가 한 학생을 가혹하게 다루어 몇몇 학생들이 반발한 작은 사건에 대해 언급하고 있는데, 이 대목은 학창시절 그의 모습을 살펴볼 수 있어

꽤 흥미롭다. 편지에서 보들레르는 "나는 당연히 반항자들 편에 섰지요. 난 결코 아첨꾼이 되기를 원치 않았고, 조교들의 미움을 사는 것을 두려워하지 않았어요."라고 결론짓고 있다. 이것은 언제든 그와 비슷한 경우가 생기게 되면 같은 행동을 반복할 것이라는 보들레르의 행동양식을 보여준다. 결국 고등학교 3학년 과정이 끝나가던 1839년 4월, 그는 파리의 루이 르그랑 고등학교에서 대수롭지 않은 일로 퇴학당하게 된다. 학급친구 하나가 그에게 수업 중에 보낸 쪽지를 선생님에게 제출하기를 거절했기 때문이었다. 리옹에서의 이러한 사건을 통해 청년 보들레르는 반항적인 모습과 함께, 다른 한편으로는 부화뇌동하는 군중을 향한 타고난 불신감 또한 드러냈다. 군중혐오는 후일 그가 삶과 예술의 지표로 삼게 될 '당디 dandy'의 밑그림이 된다. 남들이 보기에는 보잘 것 없는 문학적 야망과 모순 덩어리인 인생을 살았지만, 그는 권력이나 군중 그 어느 한 쪽에도 결코 기울지 않았다. 한편 중학생이었던 보들레르는 집안 어른들에게 보내는 편지에서 더 열심히 공부하고 게으른 생활태도를 고쳐나갈 것을 다짐한다.

1836년 드디어 파리로 귀환한 그는 루이 르그랑 고등학교에 기숙생으로 편입하게 되는데, 뒤처진 학습 진도 때문에 한 학년을 낮추어 고교 1학년이 되었다. 이해와 이듬해에는 전국 경시대회 라틴시 부문에서 장려상과 2등상을 연속 수상하여 장래 시인으로서의 자질을 보인다. 1838년의 전국경시대회에서는 입상하지 못해, 라틴시와 불어작문 과목들에서 우등생이

되는 것으로 만족해야 했다. 이 무렵부터 그의 문학적 관심이 표면화된다.

고등학생으로서의 보들레르는 강한 개성을 완성해가며 예술에 관한 자신의 섬세한 취향을 길러가고 있었다. 이미 화가 들라크르와에 대해 헌신적인 찬사를 아끼지 않았고, 문학에 있어서는 대중 작가 외젠 수보다는 빅토르 위고와 생트 뵈브를 선호했다. 1839년 4월 루이 르그랑 고등학교에서 앞서 언급한 사건으로 퇴학당했지만, 가정교사의 도움으로 같은 해 8월 12일 대학입학 자격시험에 거뜬히 합격한다. 이날은 오픽 대령도 장군으로 승진하여 가정 내 경사가 겹친 날이었다.

두 개의 사건, 인도양 항해와 금치산선고
(1840~1844)

같은 해 11월 초에 보들레르는 파리 법과대학에 등록을 하지만, 이는 형식적이었을 뿐 그는 이내 방종한 생활을 시작한다. 고교 졸업 후 대학 입학에 이르는 이 시기에 성병에 처음 걸리게 된다. 그는 문학가들의 방탕한 보엠 생활에 끼어들어 제라르 드 네르발을 만나게 되었으며, 귀스타브 르바바세르, 필립 드 쉔느비에르, 에르네스트 프라롱, 쥘 뷔송 등 스스로를 '노르망디파'라 부르는 문학청년 대학생들의 사교 모임에 참여한다. 이 무렵 사팔뜨기 어린 창녀 사라도 알게 된다. 또한 『레 미제라블』의 작가 위고에게 흠모의 편지를 보냈지만 위고의 냉담한 반응에 그에 대한 험담을 하게 된다. 보들레르는 친구들과 어울려 작품 활동도 해보지만, 창녀에게 옷을 사주기 위해 빌린 돈 200프랑을 어서 갚아야 한다고 이복형에게 고백하듯이 사방에 빚도 지게 된다.

그렇게 되자 가족들은 불안해졌고, 급기야 오픽 장군에 의해 주재된 가족회의가 열린다. 이복형 알퐁스의 동의하에 가족들은 그를 해외여행에 보내 파리의 환락가로부터 멀리 떼어 놓기로 결정한다. 그리하여 보들레르는 1841년 6월 9일 보르도에서 '남해호'라는 배에 태워져 인도 캘커타로 향하고, 계속되는 폭풍우를 겪은 후 9월에 모리스 섬에 이어 레이니옹 섬의 생 드니에 기착한다. 그의 시 「식민지 태생의 귀부인에게」는 모리스 섬 총독 오타르 드 브라가르의 부인의 미모에 감탄하여 쓴 작품이다. 그는 나머지 인도행 여정을 거부하고, 11월 4일 '알시드호'에 탑승하여 이듬해 2월 15일에 보르도로 귀환하게 된다. 지체 없이 상경한 것은 두말할 여지도 없다. 잠시 머물렀던 인도양 상의 섬들로부터 보들레르가 가져온 것은 찬란한 빛이 압도적인 열대의 강렬한 인상과, 그 속에서 느낀 무기력한 감각이었다. 혼혈미인들에 대한 취향 또한 촉발되었다.

그는 계부에게 "주머니 가득 분별력을 채워가지고 돌아왔어요."라고 말하는데, 바로 이것이 오픽 장군이 요구했던 것이었다. 그러나 분별력이 생겼다고는 했음에도 불구하고 사실은 그 반대였다. 그는 1842년 4월 9일 만 21세로 법정성년에 이르자마자 득달같이 요구해 선친이 남긴 유산을 물려받게 된다. 금화로 십만 프랑이었다. 그는 물려받은 유산으로 주변에 진 빚을 갚았을 뿐만 아니라 돈을 물 쓰듯 하였다. 이 무렵인

5월 어느 봄날 보들레르는 단역배우 출신의 1/4 흑백 혼혈녀 잔느 뒤발을 알게 된다. 이듬해 6월에는 당디들의 아지트인 피모당 호텔에 입주하고 이웃에게 돈을 빌린다.

25개월 동안에 유산의 절반인 금화 44,500프랑을 써버린 아들의 병적인 낭비벽에 놀란 모친은 남편의 부추김에 힘입어 금치산선고와 그에 따른 법정 후견인 설정을 추진하게 된다. 보들레르는 모친의 계획을 만류하기 위해 "더 이상 재산이 한 푼도 없기를 바랄 지경입니다. 이런 판결을 받느니 차라리 어머니의 처분에 모든 것을 내맡기고 싶어요"라고 호소도 해보지만, 1844년 8월 24일 민사재판부는 금치산 신청을 받아들여 9월부터는 뇌이유의 공증인인 앙셀 씨가 그에게 매달 필요하다고 인정되는 일정금액을 월급처럼 지급하게 된다. 그러나 이 돈은 언제나 날짜보다 먼저 바닥났고, 이때마다 집안의 문제아가 모친에게 손을 벌리는 악순환은 평생 지속된다.

계부에 대해서 그는 모친의 재혼 이래 은연중에 원한을 품게 되었겠지만, 오픽이 어린 샤를르를 싫어했던 것 같지는 않고, 그 무렵에 이르러서는 몹시 당황스럽게 여기고 있었던 참이었다. 사회적 출세의 면에서 보면 오픽 장군은 1848년 콘스탄티노플 주재 전권공사로 임명되었으며, 1851년에는 마드리드 주재 대사가 되었고, 1853년에 상원의원으로 선출되는 등 승승장구의 길을 걸었다.

문학청년기의 사랑과 모색(1845~1856)

1845년 라비트 출판사에서 『1845년 미전평』이라는 제목의 보들레르 첫 번째 저작이 출간된다. 이는 그해 미전에 출품되었던 회화들을 연구한 것이다. 같은 해 5월 잡지 『예술가』는 인도양 여행의 산물인 「식민시 태생의 귀부인에게」를 게재한다. 6월 30일 그는 날카로운 면도칼로 가벼운 상처를 내는 자살 시도를 감행한다. 사건 직전에 작성한 유서 안에서 그는, 빚을 정리하고 남은 모든 재산을 1842년부터 알고 지내던 잔느 뒤발에게 유증遺贈한다고 써놓았다. 이 편지 속에서 잔느 르메르라고 불리는 그녀는 지겨운·현실 속에서 그가 휴식을 찾을 수 있는 유일한 존재였기 때문이다.

하지만 이내 그 절망적인 상태에서 회복될 무렵, 그는 피모당 호텔에서 해시시hashish, 즉 마리화나를 알게 된다. 자살을 시도하던 시절에 거주하던 피모당 호텔(파리 생루이 섬에 있는 로쟁 호텔의 전신)의 해시시 모임에 보들레르가 참가한 것은 연말이었다. 여기에는 발작과 테오필 고티에도 드나들었는데, 고티에와는 후일 우정어린 친구가 된다. 1845년에 보들레르는 사람의 감각을 고양하며, 개성을 극도로 증가시키는 다양한 방법을 실험했다. 1851년 『의회통신』이라는 잡지에 게재될 논문을 한 편 쓰게 되는데, 신경흥분제로서의 포도주와 마리화나를 다루고 있다.

그는 개성을 증가시키는 이런 물질들의 사용을 드러내놓고 비난하지는 않았지만, 독자들에게 이것들이 초래하는 위험인 환멸에 대해 적시하고 있다. 후일 보들레르는 풀레-말라시스 출판사에서 이 문제를 정면으로 다룬 『인공낙원』을 출간한다. 1860년의 이 책에서 그는 "포도주에 취한 사람은 너그러워지는 사회성을 갖게 되는 반면, 해시시는 복용자 개인이 갖고 있는 속성만을 드러내 보여줄 뿐"이라고 경고하고 있다.

그의 대표작인 『악의 꽃』의 대부분은 1846년에 이미 쓰여 졌다. 그는 이 무렵 다양한 잡지와 신문에 기사와 작품을 기고 한다. 미쉘 레비 출판사는 『1846년 미전평』을 출간하는데, 여기에서 그는 탁월한 미술비평가로서의 모든 역량을 보여준다. 사실 회화에 관한 그의 이해는 보들레르 작품의 주요 구성요소를 이룬다. 그는 들라크르와를 위대한 예술가로 찬양하였고, 인상파의 감수성을 알아보고 마네를 지지했다. 또한 도미에

Honoré Victorin Daumier나 콩스탕텡 기Constantin Guys의 경우처럼, 비판적이면서도 동시에 탐욕스러운 눈길로 사회의 모든 영역을 생생한 표현력으로 요약해 보이는 풍자풍속화를 예술로 인정할 줄도 알았는데, 보들레르 자신 또한 스케치화가로서의 남다른 재능을 갖고 있었다.

보들레르가 면밀히 관찰한 것은 시대정신이 사회적으로 드러나는 방법들인 유행, 화장술, 의복, 언어 등등이었다. 이를 통해 보들레르가 다다른 것은 현대성이다. 이는 "영원한 절대미란 결코 존재하지 않으니, 일시적인 유행에서 추출되는 다양한 열정을 아름다움으로 여기자."는 것이다. 오랜 동안 영감의 원천이었던 목가적 자연은 이제 새롭고 위험한 열정의 무대인 현대적 도시에 그 자리를 내주어야 한다. 그러나 화려하고 아름다운 대도시의 뒷골목에는 언제나 우울, 절망과 불안이 도사리고 있다는 것이 보들레르식 현대성의 양면이다.

쿠르베가 시인을 모델로 하여 『파이프를 피우는 사내』라는 그림을 그린 1847년이 어쩌면 보들레르가 처음으로 에드기 앨런 포를 읽었을 시점인 것 같다. 보들레르는 재능이나 비참함에 있어서 자신을 닮은 미국인 형제를 즉시 알아볼 수 있었다. 포의 작품이 보들레르에게 영향을 주었지만 그렇다고 이 둘이 지적인 쌍둥이는 아니다. 논리가인 포는 보들레르에게 결여된 철학적 지성을 갖고 있었다.

보들레르는 원작에 충실하지만 재창조를 곁들여 포의 걸작들을 번역함으로써 포라는 인물과 그의 작품을 프랑스에 본격적으로 소개했다. 1848년 7월 잡지에 실린 「자기磁氣의 검출」은 보들레르 최초의 포 번역 작품이다. 이듬해 10월 7일 발티모어에서 포는 사망하고, 1851년 가을, 런던의 서점에 포 전집을 주문한 보들레르는 포라는 천재를 알아보지 못했다는 점에서 미국인들을 죄인 취급했다. 보들레르는 "내게 생각하는 법을 가르쳐준 이는 드 메스트르와 에드거 포이다."라며 그에게서 지적인 영향을 받았음을 인정하고 있다. 감정의 면에 있어서도, "매일 아침 모든 활력의 저장소인 신에게 기도하고, 나의 중재자들인 선친과 어린 시절 관대한 마음씨의 하녀 마리에트 그리고 포에게 기도할 것. 모든 의무를 완수하는 데 필요한 힘을 나에게 전해달라고 그들에게 기도할 것"이라며 그는 포를 자신의 부친과 동등하게 대우한다.

한편 1847년 8월에 20세의 여배우 마리 도브렝은 연극『금발의 미녀』의 주인공으로 데뷔하는데, 이 시기에 보들레르와 알게 된 것 같다. 1848년 폭동의 와중인 2월 24일 저녁, 화약 냄새나는 소총을 손에 들고 "오픽 장군을 총살하러 가자!"라고 외치는 보들레르가 목격된다. 그는 이때 샹플뢰리, 투뱅과 함께『공공의 구원』이라는 신문을 두 차례 발행하였고, 1848년 6월 폭동 시에는 자신이 반란군 편이 되어 총을 쏘았다고 주장한다. 이렇듯 보들레르의 정치적 견해들은 자신의 사생활의 영향을 받고 있는데, 1848년에 일어난 두 번의 폭동에서는 계부의 존재에 대한 반감이 작용하고 있다. 이후로도 그는 반복되는 실패와 극심한 물질적 곤궁함 때문에 세속적인 부르주

아를 극단적으로 반대하는 귀족주의적 태도를 견지했으며, 점차 인간을 혐오하는 비사회적인 사람이 되어 갔다. 이런 배경에서 물질주의와 민중 그리고 민주주의에 관한 그의 충격적이고 시대착오적(또는 예언자적)인 언급들이 나오는 것이다.

또한 19세기 중엽 당시의 시대정신이라 할 진보에 대한 굳은 믿음에 근거하는 경제·사회적인 요구에 예술가가 굴복하는 것을 그는 단호히 거부했다. 이런 실용주의적인 세상의 압력에 대항하기 위해 그가 내세운 것은 '당디즘'으로써, 당디dandy는 그 어느 곳에도 자신이 쓸모없기를 원하는 인물 유형이다. 민중의 운명에 대해 우아한 무관심을 표방하는 정신적 귀족 당디는 당연히 고독할 수밖에 없다. "조롱하기 위해서가 아니라면 민중에게 말을 거는 당디를 상상할 수 있겠소?"라는 도발적인 그의 말은 불운과 역경 속에서, 사회를 향한 자신의 원한을 문학적으로 멋들어지게 바꿔놓은 것이다.

1850년 초에 그는 오귀스트 풀레-말라시스를 만나게 된다. 과거 반란자였던 그는 알랑송의 인쇄업자의 아들로, 후일 『악의 꽃』의 출판자가 된다. 보들레르는 이후 갖은 어려움 속에서도 그에 대한 변함없는 우정을 간직하게 된다. 1851년 12월 2일에 루이 나폴레옹의 쿠데타가 일어나자 보들레르는 그를 음모가라 비난하며 격분했지만, 이어지는 제정帝政에는 금방 순응하였다. 보들레르는 자기 작품의 인쇄·출판에 있어 주의 깊은 관심을 기울였다. 대단한 정성을 쏟아 인쇄소에서 보내온 교정쇄들을 수정했으며, 출판사들에게 보낸 편지마다 수많은 지시를 하고 있다. 그는 결코 생전에 문학적 영광을 맛볼 수 없다는 것을 익히 알고 있었지만, 그럴수록 완벽을 기해 자신의 독자들을 끌어들이고자 최선을 다했다.

한편 청년 보들레르의 용모는 자화상으로 보이는 1847년 발간된 단편소설 「라 팡파를로」의 주인공 사무엘 크라메의 유명한 묘사로 짐작이 가능하다. 당시 보들레르와 잦은 교류가 있던 고티에도 "짧게 깎은 아름다운 검은 머릿결, 빛나는 듯 하얀 이마, 내면을 들여다보는 듯한 어두운 색의 두 눈, 하얀 치아와 관능적인 입술 윤곽, 가늘고 섬세하며 약간 둥근 모습의 코, 정력적으로 보이는 턱의 홈, 면도 후에 푸른빛이 도는 피부와 불그스름한 광대뼈……"라고 보들레르에 관해 언급하고 있다. 비록 나이가 들수록 시간의 흐름과 궁색함을 이겨내지는 못했지만, 한 마디로 젊은 보들레르는 미남이었다.

1850년부터 1856년 사이 보들레르는 논문과 시 여러 편을 발표함으로써 독자층을 넓혀간다. 물질적인 상황은 차츰 악화되었고, 돈 걱정으로 애가 타고 있었다. 이렇게 돈의 부족은 보들레르의 제2의 천성이 되고 말았다. 1853년 봄에는 완벽주의자인 그의 기질에 전혀 어울리지 않는 다음과 같은 일도 발생했다. 포의 번역 건으로 그는 미리 선금을 받아 써버렸는데, 막상 출판사에 넘긴 것은 모두 다시 손을 보아야 할 조잡한 미완성 원고라서 출판을 포기해야만 했던 것이다. 그는 모친뿐만 아니라 주변의 동료들에게 돈을 꾸고 있었다. 그중 한 명이 바로 본명이 펠릭스 투르나송인 나다르이다. 그는 기구 안에 사진기를 탑재함으로써 항공사진술을 발명했으며, 당대의 모든 명사들의 초상사진을 찍어 유명해졌다.

잔느 뒤발과 헤어져 다시는 그녀를 보지 않겠노라는 결심을 여러 차례 공언했음에도 불구하고, 보들레르는 여전히 그녀의 생활비를 조달해야만 했다. 그를 하인 취급하던 잔느는 문학이나 정치에 관한 어떠한 대화도 불가능한 여자였다. 지적인 어떤 것도 배우길 원치 않으며, 출판하는 것보다 더 경제적이라고 생각하기에 그의 원고를 불쏘시개로 벽난로에 던져버린 여자, 하지만 사실 절약이 무엇인지도 모르는 것이 동거녀 잔느의 실제 모습이었다.

보들레르가 여성혐오의 감정을 노골적으로 자주 드러내기는 하지만, 상상력을 자극하며 수많은 영감을 불어넣어주는 아름다운 자태의 여성들이 없었다면 그의 시 세계는 존립할

마네가 그린
잔느 뒤발

19

수 없었을 것이다. 잔느 뒤발로 말할 것 같으면, 보들레르가 자신의 '검은 비너스'라고 부르며 무척 사랑했던 존재이다. 마네가 긴 소파 위에 무기력하게 누워있는 모습으로 그린 바 있는 이 아름다운 흑백혼혈의 여인에게 보들레르는 한때 대단한 애착을 갖고 있었다.

1852년 연말에 그는 플로베르, 고티에 등이 드나드는 살롱의 주인이자 '여장부'라 불리는 사바티에 부인에게 익명의 편지를 보낸다. 편지에는 「너무나 명랑한 그녀에게」라는 헌정시가 동봉되어 있었다. 얼마 전부터 그는 그녀의 살롱에 출입이 허락되었고, 남모르게 그녀에 대한 짝사랑에 빠져 있었다. 보들레르는 사바티에 부인에게 1854년 5월까지 여전히 익명으로 또 다른 시편들을 띄엄띄엄 보내게 된다. 「공덕」「고백」「정신적 새벽」 등의 이 시들은 아마도 베르사유의 유곽에서 쓴 것으로 추정된다. 그는 빚쟁이들을 피하기 위해 친구인 필록센 브와이예라는 친구와 함께 1853년 5월 이곳에 숨어 지낸 적이 있었다. 후에 『악의 꽃』이 소송에 휘말리는 1857년에 가서야 보들레르는 재판관에게 제출할 청원서를 부탁하려고 사바티에 부인에게 자신의 존재를 드러내게 된다.

한편 계부 오픽은 1853년 상원의원에 임명되었고, 이즈음 영불해협에 면한 아름다운 항구도시 옹플뢰르에 여름 피서용의 작은 별장을 구입한다. 보들레르는 이곳을 '장난감 집'이라 불렀다.

1854년 2월에 시인은 밀린 집세에 쫓겨 여관으로 피신한 적도 있다. 이해 여름에는 그동안 알고 지내던 마리 도브렝에 대한 연심이 드러난다. 연말에는 여관을 전전하는 무질서한 생활에 지친 나머지, 잔느이건 마리이건 간에 살림을 차리겠노라고 모친에게 말한 바 있다. 한편 자신의 형수 펠리시테에 대해서도 일종의 애정 어린 정감을 느끼기도 했다.

1855년 파리 만국박람회의 일환으로 국제미술전이 개최되었다. 여기에서 사실주의 화가 쿠르베의 그림들의 전시가 거부되었는데, 그중에는 보들레르 자신도 화폭 한쪽 구석에 등장하는 대작「화가의 아틀리에」가 끼어 있다. 그러나 미술평론가로서 보들레르는 사실주의 운동과는 분명한 거리를 두고자 했다.

한편 그는 경제적 이유로 3월 한 달간 무려 6번이나 이사를 다녀야 했다. 그동안『레스보스의 여인들』『지옥의 변경』등으로 예고되었던 근간 시집명이『악의 꽃』으로 확정된 것도 이해 6월이었다.

미셸 레비 출판사에서 보들레르의 번역으로 포의『이상한 이야기들』이 출간된 것은 1856년이었다. 보들레르가 쓴 작가론「에드거 포의 삶과 작품세계」가 함께 실린 이 책은 인기리에 판을 거듭하여 발매된다. 같은 해 9월 11일자 모친에게 보낸 편지에서 시인은 잔느와의 14년에 걸친 내연관계가 끝났다고 쓰고 있는데, 이성으로서 잔느를 대하는 사실혼 관계는 이로써 완전히 정리된 것이다.

1857년 『악의 꽃』 소송

1857년 벽두 소설가 플로베르는 『보바리 부인』으로 경범재판을 받았고 결국 무죄가 선고된다. 이 시기에 보들레르는 『악의 꽃』의 원고를 풀레-말라시스 출판사에 넘긴다. 봄에는 미쉘 레비 출판사가 포의 『이상한 이야기들 속편』을 다시금 그의 번역으로 출간하여 전편의 명성을 이어간다. 보들레르는 그 이전해에 나온 『이상한 이야기들』로 200프랑의 문교부 번역지원금을 받는다. 한편 4월 27일에는 계부 오픽 장군이 사망하고, 장례 후 모친은 옹플뢰르의 별장으로 이사한다. 당시 보들레르의 최고 관심사는 6월 25일 출간된 『악의 꽃』이었다. 이 시집에 수록된 100편의 시들 중 절반은 미발표 작품이었다.

풍기문란을 지적하는 7월 5일자 『피가로』지의 신랄한 기사에 자극받은 내무부 공안국이 경범재판소에 고발한 이 책은 압류 처분을 받았고, 저자와 출판주는 '공중도덕 훼손죄'로 기소된다. 이 소용돌이 속에서 보들레르는 매우 조직적으로 대응한다. 문교장관의 보호를 요청하는가 하면, 자신의 변론을 맡을 변호사에게 충고를 하고, 문단 친구들에게 위급한 상황을 알리며, 결국은 나폴레옹 3세의 황후에게까지 이 사건에 개입해 달라고 탄원한다.

이미 『보바리 부인』건을 맡았던 피나르를 검사로, 변호사로는 쉐데스탕쥬를 선임하여 8월 20일 열린 공판에서 결국 보들레르는 300프랑, 풀레-말라시스는 100프랑의 벌금을 선고받는다. 또한 문제의 시 6편에 대해서는 삭제 명령이 내려진다. 자신에게 정체를 밝히며 도움을 청했던 보들레르에게 사바티에 부인이 몸을 허락한 것은 『악의 꽃』 재판이 끝난 직후인 8월말경이었다. 하지만 그녀에 대한 자신의 사랑을 확신할 수 없다는 그의 선언으로 사바티에 부인은 단지 하룻밤의 애인에 그치고 만다. 그는 계속해서 그녀를 다시 만나고 여전히 편지를 써 보냈지만, 결코 이들의 관계는 우정 이상으로 발전하지 않았다. 그가 사랑했던 여인들은 오직 모친과 흑백혼혈 미인 잔느뿐이었다. 이듬해 정월 『악의 꽃』에 부과됐던 벌금은 결국 50프랑으로 감해지는데, 이는 으제니 황후의 선처 덕분이었다. 재판 소동을 겪으며 더욱 병약해진 보들레르가 낙담하여 옹플뢰르로의 낙향을 고려할 무렵, 포의 『이상한 이야기들 속편』 번역으로 다시금 문교부 지원금 100프랑을 받게 된다.

가파른 내리막길(1858~1862)

　　1858년 2월에 보들레르는 고통스러운 삶을 꾸려갈 수밖에
없었던 저주받은 도시 파리를 떠나 옹플뢰르에 영구 정착할
계획을 하며 자신의 방에서 바다가 보이려나 조바심을 내보지
만, 이는 대도시의 화려한 대로를 걸어야만 하는 그의 천성 때
문에 결코 실현될 수 없는 일이었다. 오히려 여기에는 자신을
압박해 오는 주변의 빚을 말끔히 청산하고, 원점에서부터 재
출발하고픈 시인의 욕망이 투영되어 있다. 이 무렵 보들레르
는 그동안 자신을 모욕하며 무례하게 대해 온 법정 후견인 앙
셀에 대한 분노를 터트리며, 정중한 사과를 받아내지 못한다
면 그의 처자가 보는 앞에서 앙셀을 폭행하겠노라 모친을 협
박한다. 이해 5월 미셸 레비 출판사에서 에드거 앨런 포의 『

아서 고든 핌의 모험』의 번역본이 출간되는데, 이 작업을 철저히 감독하기 위해서 그는 보름 동안이나 인쇄소 인근에 기거한다.

1859년 보들레르는 「벌거벗은 내 마음」의 첫 단장短章들을 쓰기 시작하는데, 시인의 건강이 치명적인 타격을 받게 되는 1866년까지 이 메모 작성은 계속된다. 연초에는 옹플뢰르의 모친 곁에 한동안 머물며 집필에 몰두할 수 있었다. 여름에는 『1859년 미전평』이 잡지에 연재되었고, 11월 말 작가론 「테오필 고티에」가 출판된다. 이 평론에 서문 격으로 실린 빅토르 위고의 편지에는 "『악의 꽃』이 새로운 전율을 만들어 냈다."라는 유명한 언급이 들어 있다. 12월 8일에는 영국의 에든버러에서 보들레르의 『인공낙원』에 결정적인 영향을 주었던 토마스 드퀸시가 74세를 일기로 세상을 떠난다.

한편 이해 4월에는 잔느 뒤발이 중풍 발작을 일으켜 요양원에 실려 갔는데, 재정적인 어려움에도 불구하고 보들레르는 입원 기간을 연장해 가는 등 그녀에게 최선을 다한다. 1860년 1월 13일에는 39세의 보들레르 또한 생전 처음으로 발작을 겪는다. 증상은 경미했지만, 구토와 현기증은 남은 여생 동안 그를 괴롭힌다. 보들레르 자신은 뇌출혈이라 여겼지만, 사실 이것은 젊은 시절 감염된 이래 평생의 고질병이었던 매독의 재발이었다. 연말에 그는 중풍으로 반신불수가 된 잔느를 돌봐주기 위해서 다시금 동거에 들어간다.

그러나 보들레르에게 있어 1860년은 역시 바그너의 해이다.

1월과 2월 파리에 들른 바그너는 「로엔그린」과 「탄호이저」를 지휘한다. 그것을 '가장 위대한 음악적인 경험'으로 받아들인 시인은 「리처드 바그너와 탄호이저」라는 한 편의 평론을 바그너에게 헌정하게 된다. 이를 통해 보들레르는 바그너가 구현한 음악의 혁명을 완벽히 이해하고 있음을 증명한 셈이다.

5월 말에 『인공낙원』을 발매한 후 보들레르는 당대 문단에 만연했던 '문학적 당디즘'이라는 주제로 샤토브리앙, 죠셉 드 메스트르, 바르베이 도르빌리 등 자신의 동시대 작가군에 관한 일련의 논평들을 한데 모아 출판하기를 원한다. 문학비평가로서의 보들레르는 엄격성과 세밀함에 있어 시인으로서의 그와 차이가 없다. 이런 까다로운 성품이 타인에게 적용될 때면 곧잘 과격하게 표출되는데, 막 출간될 공동 시선집 『프랑스의 시인들』의 해설 건으로 편집을 맡은 으젠 크레페에게 격노한 적이 있다. 이런 악연에도 불구하고 후일 크레페는 최초의 보들레리앙이 된다.

1861년 정초 오빠를 사칭하며 잔느의 집에 눌러 살려는 건달 때문에 화가 난 보들레르는 그녀와의 결별을 생각하며 다시 호텔 생활로 돌아간다. 한편 풀레-말라시스 출판사는 35편의 시가 증보된 『악의 꽃』 개정판을 2월 초에 발매하였으나, 대중은 무관심했다. 경제난이 더욱 악화되어 친구들 사이에서 어음을 돌려쓰는 일이 불가능해지자 보들레르는 생을 포기하려고까지 한다. 자존심과 창작욕으로 이런 자살 충동을 가까스로 억눌렀지만, 그럴 때마다 찾아오는 매독의 재발은 그가 가진 생의 의욕을 꺾어 놓는다. 이 시기에 그가 고통 속에서 쓴 서찰이 5월 6일자 모친에게 보낸 고백 투의 편지로, 그는 아름다운 문장으로 자신의 측은한 심경을 토로하고 있다. 그 동안 출판사에 진 빚을 청산하기 위해 보들레르는 풀레-말라시스에게 자신의 저작권 모두를 넘기는데, 여기에는 아직 출간되지 않은 것도 포함되어 있었다. 젊은 날에 가해진 선친 유산에 대한 금치산선고에 이어, 이제 시인은 자신의 저술활동의 대가마저 포기했던 것이다.

그리고 1861년 7월에 아카데미 프랑세즈에 입후보하겠다는 의지를 드러낸다. "진정한 문인이 부끄러워하지 않고 바랄 수 있는 유일한 명예란 아카데미 회원이 되는 일"이라며 12월 11일 드디어 보들레르가 입후보 등록을 마치자, 아카데미 사무국은 당혹해 한다. 그는 말 많은 소송을 치른 기괴한 작가라는 악명을 달고 다녔기 때문이었다. 허름한 차림에, 동전 한 푼 없이 회원들을 찾아다니며 자신의 책을 돌리는 선거운동을 했다. 그러나 역시 여러 차례 도전한 후에야 아가네미 회원으로 선출된 바 있는 원로 시인 비니에게서만은 환대를 받는다.

이런 과정에서 보들레르는 자신의 권태에서 잠시 벗어나 기분전환을 했지만, 또한 입후보 자체가 스스로의 광기어린 실수라는 것도 깨달았다. 급기야 이듬해 1월 20일자 신문의 아카데미 선거 관련 기사에서, 당대 문단의 실세였던 비평가 생트-뵈브는 보들레르의 입후보를 과대망상이라고 지적하며 공개적으로 철회를 종용한다. 그러자 내심 발끈한 보들레르는 즉시 다른 지면을 통해 생트-뵈브의 글을 정중한 어조로 조목조목 반박하며 아카데미의 개혁을 주장한다. 그러나 결국 생트-뵈브의 충고를 받아들여, 2월 10일 아카데미 총무 빌르멩에게 입후보 사퇴서를 보냄으로써 보들레르 일생에 있어 이채로운 사건이랄 수 있는 이 일은 씁쓸하게 끝난다. 차후에 시인은 자신이 부당하게 취급받았다는 이유로 빌르멩 개인에 대해 앙심을 품게 된다. 이 밖에도 그의 사퇴에는 1월 23일 몸소 겪었던 치매의 전구 증상 등 건강상의 이유도 작용했었던 것 같다. "1862년 1월 23일 오늘 나는 이상한 경고를 받았는데, 치매의 날개바람이 내 몸 위로 스쳐지나가는 것을 느꼈다."라는 비망록이 남아 있다.

말년, 벨기에 체류와 사망(1862~1867)

그의 말년 몇 해는 대단히 암울했다. 그는 자주 자살을 생각했고, 자신의 모친과 병들고 늙은 잔느를 걱정했다. 그는 모친에게 더할 나위 없는 절망의 편지들을 써 보낸다. 보들레르는 자신의 원한 맺힌 속내 이야기를 담을 책 한 권을 1861년부터 구상하는데(「벌거벗은 내 마음」), 그 속에서 프랑스 전체에 복수하기 위해 무례한 독설을 퍼붓게 된다. 당시 그는 자신이 아직도 살아 있음을 느끼게 해주는 유일한 감정이 복수심이라 여기고 있었다.

1862년 4월 14일에는 57세의 이복형 알퐁스가 퐁텐블로에서 반신불수로 사망한다. 16년 연상의 형과는 이미 오래 전에 절연한 상태였지만, 그에게는 혈육을 잃는 아픔이었다. 8월 말

『프레스』지에는 훗날 『파리의 우울』에 담길 그의 산문시 14편이, 9월 말에는 6편이 각각 실린다. 이 무렵 해협 건너 영국에서는 시인 겸 비평가인 스윈번이 『악의 꽃』에 대한 경탄의 글을 발표한다. 연말에 보들레르의 출판주인 풀레-말라시스는 부도로 체포, 구금된다. 이 시기에 어찌된 일인지 보들레르는 자신이 대형 국립극장의 책임자로 임명되리라는 기대에 부풀어 있었다.

1863년 정월 보들레르는 문제가 생긴 풀레-말라시스를 대신할 에첼 출판사에 『악의 꽃』과 더불어 신작 산문시집의 출판권을 1,200프랑에 넘긴다. 지난 해 11월 체포된 이래 미결수로 구류 중이던 풀레-말라시스에게 4월에 법원은 1개월의 금고형을 선고했다. 이해 8월에는 보들레르의 벨기에 방문 계획이 구체적으로 추진되는데, 그는 현지 미술관 탐방을 위한 정부보조금을 문교부에 요청한다. 차후 벨기에행 계획은 문학 강연 타진과 보들레르 전집 간행을 맡아줄 현지 출판사 물색으로까지 확대된다. 또한 낭만주의 회화의 대표자로 그가 평소 숭배해 마지않던 으젠 들라크르와가 이 무렵 사망하자, 그를 기리는 추모 논문 「들라크르와의 작품과 생애」도 발표한다.

파산한 풀레-말라시스가 벨기에로 도주한 것은 9월 말로, 그는 브뤼셀에서 음란서적 출판을 시도한다. 아직 파리에 남아있던 보들레르는 11월 말과 12월 초에 3차례에 걸쳐 『피가로』지에 「현대 생활의 화가」를 기고하는데, 이는 풍속화가 콩스탕탱 기에 관한 심도 깊은 평론이다(화가는 자신의 이름이 언급되는 것을 원치 않았기에, 이 글 속에서 'G씨'로 지칭되고 있다). 한편 보들레르의 산문시 몇 편이『피가로』지에 실리기 시작하였고, 집필 중인 산문시 연작에 시인이『파리의 우울』이라는 총제를 부여한 것도 1864년 2월 7일자 같은 신문의 지면이었다. 그러나 돌연 이 유력지는 "독자들을 권태롭게 한다."는 이유로 그의 시의 게재를 중단한다.

1864년 4월 24일 드디어 보들레르는 브뤼셀에 도착하여 그랑 미르와르 호텔에 투숙한다. 강연과 자기 작품들의 공개 독회를 통해 현지 출판사를 섭외하기 위해서였다. 그는 화가 들라크루아, 작가 고티에, 흥분제에 관한 일련의 강연을 하였으나 반응은 신통치 않았고, 보들레르가 자신의 독회에 초청한 출판주들은 참석조차 않는다. 파리의 화려한 문단생활로부터 단절된 채 무일푼으로 이곳에 유배되어 암울해진 그는 그리하여 벨기에를 통째로 지독한 증오의 제물로 삼는다. 1864년과 이듬해에 걸쳐 쓴 소책자『가여운 벨기에여!』는 거의 인종차별의 수준이라 할 만큼 무자비하게 벨기에 사람들을 풍자하고 있다.

벨기에 체류 시절부터 자신의 저작이 본인보다 오래 살아남을 것이고, 또한 많은 돈을 벌어 줄 것이라는 것을 항상 확신하고 있었던 보들레르는 브뤼셀에서의 출판이 어렵게 되자 쥘리앙 르메르라는 시원찮은 문학대리인을 내세워 프랑스 쪽을 알아보기 시작한다. 유배지의 이런 절망감 속에 씌어진 산문시들은 고국에서 차례로 발표되지만, 시인으로서의 명성과 재정 상태는 달라진 것이 없었다. 보들레르는 거듭되는 르메르의 실패에 지친 나머지, 충실한 공증인이었지만 이 방면에는 미숙한 앙셀을 자신의 파리에서의 문학대리인으로 삼게 된다. 이전에 그는 자주 모친에게 자신의 주된 적敵으로 법정 후견인 앙셀을 지목하곤 했는데, 이제는 그런 앙셀에게 자신을 내맡길 수밖에 없게 된 것이다.

말라르메가 잡지 『예술가』에 보들레르를 찬양하는 글을 기고하는 1865년 2월 무렵부터 그의 병은 눈에 띄게 심각해진다. 2월 15일 자신이 신경통과 소화장애로 '혼수' 상태에 빠져 있다고 느끼며, 곤궁하고 허약한 몸으로 브뤼셀의 거리를 헤매는 유령 같은 몰골을 떠올린다. 한편 역시 경제적으로 궁지에 몰린 풀레-말라시스에게마저 빚 독촉을 당하는 절박한 상황에서 7월에 그는 돈을 구하기 위해 급히 파리와 옹플뢰르에 다녀간다.

이런 와중에 풀레-말라시스는 자신에게 보들레르가 진 빚 5,000프랑을 대신하여 소유하고 있던 보들레르 전집의 출판권을 시인이 선불 1,200프랑에 에첼에게 이중으로 넘긴 사실을 알게 되고, 이로 인해 말썽이 생긴다. 이미 받은 선불금을 차후 에첼에게 시인이 되갚는다는 조건으로 이중계약 문제는 일단락되었고, 풀레-말라시스도 앙셀의 개입으로 보들레르가 그에게 지고 있던 부채 중 2,000프랑을 받게 된다. 연말에는 잡지 『예술』에 보들레르에 대한 베를렌느의 열렬한 찬양기사가 연재되었다. 상징주의자인 이들은 보들레르를 자신들의 스승이며, 현대시의 아버지로 인정했던 것이다. 그러나 보들레르는 그것을 반기기는커녕 젊은 시인들의 광기를 경계하며 귀찮아한다.

1866년 2월 말 브뤼셀에서 풀레-말라시스는 보들레르의 23편의 시를 모은 소책자 『표류물』을 출판하는데, 여기에는 유죄판결을 받은 『악의 꽃』의 시편들이 포함되어 있다. 이 무렵 보들레르의 건강은 한층 더 나빠졌고, 3월 15일경 그는 판화가 펠리시엥 롭스를 방문하기 위해 나뮈르에 갔다가 생-루 성당 바닥에 쓰러진다. 두부의 심한 통증으로 브뤼셀로 이송되지만 그 후 그의 상태는 더욱 악화된다. 중풍으로 차츰 오른쪽이 마비되어, 이 무렵의 보들레르의 서간들은 그의 구술을 받아 적은 것이다.

수녀들이 운영하는 생-장과 생트-엘리자베트 요양원으로 4월 초 옮겨진 보들레르의 병세는 더욱 나빠졌다. 앙셀이 다녀간 후 모친이 간병하러 왔다. 친구들인 아더 스티븐스와 풀레-말라시스가 침상을 지켰다. 당시 말이 없던 보들레르는 "Crénom(빌어먹을)!"이라는 신성모독적인 욕설을 자주 내뱉어서 수녀들을 당황하게 했다. 4월 말 퇴원한 후 호텔에 머물던 그는 드디어 7월 2일 모친과 동반하여 파리행 기차를 타게 되고, 파리에서 온천치료를 받는다. 또한 지인들이 탄원을 계속한 끝에 문교부로부터 치료보조금을 받아냈으며, 화가 마네의 부인과 수년간 시인과 우정을 쌓아 온 폴 뫼리스 부인이 피아노로 바그너의 곡을 연주해 주기도 했다.

한편 짜증을 부리는 아들과 다툰 모친은 10월에 옹플뢰르로 귀가했다가 이듬해 1867년 봄에나 되돌아왔다. 그리고 8월 31일 임종성사를 받고 보들레르는 사망한다. 9월 2일 그의 시신은 몽파르나스 묘지에 매장되었다. 문인 친구들인 방빌과 아슬리노가 추모사를 한 이 날의 장례식에는 궂은 날씨 탓인지 참석자가 그리 많지 않았다고 한다.

한편 끝까지 그의 금치산선고를 풀어주지 않은 채 법적 미성년 상태의 아들을 자기 곁에 붙들어두었던 모친 카롤린느 오픽 부인은 1871년 8월 16일 옹플뢰르에서 사망한다. 또한 보들레르의 사망 후에도 목발에 의지한 잔느는 시가市街에서 목격된 적이 있으나 1878년 이후로는 행방이 묘연하다.

1949년 프랑스 대법원은 보들레르 제일祭日에 맞추어 『악의 꽃』에 대한 유죄선고를 파기하고 복권시킴으로써, 불세출의 시인에 걸맞는 예우를 갖추어 주었다.

내면 일기 「벌거벗은 내 마음」

내밀한 기록의 아포리즘

아들인 보들레르를 먼저 보낸 오픽 부인이 그 후 4년 만에 타계하자, 그녀의 유물 중 한 덩어리의 원고 상자가 시인의 친구였던 아슬리노에게 넘겨진다. 그러나 가장 먼저 보들레르의 전기를 펴내는 등 동료였던 친구에게 누구보다 헌신적이었던 아슬리노도 이 유고의 중요성을 간과한 채, 그 당시 자신이 출간을 주관하고 있던 보들레르 전집에서 제외시켜버리고 만다. 크고 작은 종이쪽 위에 시인이 연필이나 펜으로 휘갈겨 써놓은 길고 짧은 내용의 자필 원고들은 다양한 주제의 메모와 단장, 경구를 담고 있었으며, 서두에 「폭죽불꽃」이나 '위생'이라는 이름을 단 채 뒤죽박죽 섞여있었다.

다시 이 메모 뭉치는 『악의 꽃』의 출판주였던 풀레-말라시
스의 손에 들어와, 각각 번호를 부여받고 분류되기에 이른다.
또 그의 사후에는 최초의 보들레르 연구가인 으젠 크레페에
게 넘겨지고, 드디어 1887년 크레페에 의해 간행된 보들레르
의 『유고집』에 『내면 일기』라는 제목으로 실려 일반에 공개
된다. 이는 그가 죽은 지 꼭 20년 만의 일이었다. 우연히 붙여
진 '내면 일기'라는 제목 때문에 이후 이 잠언집을 대하는 독
자들이 흔히 겪게 되는 오해의 소지를 피하기 위해서 다음 두
사항을 먼저 지적해두도록 하자.

우선, 한 권의 책을 만들기 위해 보들레르가 틈틈이 쓰고 모
아둔 메모 조각들을 사후에 모아 펴낸 비망록인 『내면 일기』
는 미완성의 작품이라는 점이다. 1861년 4월 1일자 모친에게
보낸 편지에서, 시인은 북프랑스의 아름다운 항구도시 옹플뢰
르의 어머니 곁에서 지내고 싶다고 응석을 부린 후에 아래와
같이 적고 있다.

2년 전부터 계획해온 두꺼운 책 「벌거벗은 내 마음」 속
에 나의 모든 분노를 빽빽이 적어 놓겠어요. 아! 이 책이 언
젠가 발간되는 날, 장-자크 루소의 『고백록』 따위는 빛을
잃겠지요.

이후 '자신에 관한 거대한 책'이며 루소의 것과는 분명 다

를 거라는 '자기 나름의 고백록'에 관해 되풀이되는 보들레르의 언급은, 이 계획에 대해 모친이 탐탁치 않게 여기자 발끈하여 프랑스 사회 전체에 대한 복수심에 불타는 '원한의 책'이 될 것임을 예고하기에 이른다. 가족과 친지들, 그리고 몸담고 있는 문단 및 조국 프랑스에 대한 앙심과 더 나아가 서구 문명 자체에 관한 자신의 비판을 신랄한 문체의 아포리즘에 담은 이 노골적인 텍스트들은 시인이 단지 메모 상태로만 남겨놓은 미완의 초고인 것이다.

다음으로 숙지할 사항은 후세에 잘못 붙여진 『내면 일기』라는 총제가 의미하는 바와는 달리, 이 책은 일기라는 장르로 분류될 수 없다는 점이다. 생전의 보들레르는 단 한 번도 일기를 기록한 적이 없었기에, 독자들은 속죄하는 루소 식式의 자서전적 연대기를 기대해서는 결코 안 된다. 보통의 일기라면 마땅히 자기를 조용히 성찰하는 내면화가 특징일 텐데, 정작 『내면 일기』는 시인 자신이 국외로 안전히 피신한 다음에 출간하고 싶다고 할 성노로 주변 인물들을 내놓고 혹평하는 등 그 외향성이 두드러진다.

40세를 전후로 급속히 침잠하기 시작한 보들레르의 말년은 이미 절망적인 상태가 되어버린 금전적 궁핍, 모친과의 지속적인 불화, 흑백 혼혈의 동거녀 잔느 뒤발과의 결별 등 고립감에 사로잡힌 그를 끊임없이 자살의 충동으로 내몰기도 했지만, 또한 집필 구상 중인 수많은 작품들을 완성하지 못하고 죽게 될까봐 노심초사하던 그런 시기였다. 이런 존재의 위기감 속에서 내밀한 기록으로서의 단장들이 쓰어졌던 것이다.

하지만 시인으로 하여금 끊임없이 죽음을 생각하게 한 것은 무엇보다도 이 시기에 극도로 악화된 건강 때문이었다. 때로는 공포심으로, 때로는 분노의 형태로 나타나는 신경의 발작과 자신의 최근 병세의 진행에 대해 모친에게 하소연하고 있다.

매일매일 나를 파괴하고, 그나마 있던 용기마저 죽여버리는 신경병에 대해 말하고 싶지 않아요. 구토·불면증·악몽·실신……(1861년 5월 6일자 편지 중)

전반적인 소화 기능의 장애와 현기증, 그리고 얼마 남지 않은 시간에 대한 강박관념은 급기야 1862년 초에 시인에게 간과할 수 없는 이상 징후로 나타나게 된다.『내면 일기』세 개의 항목 중「폭죽불꽃」과 '위생'이 함께 적혀 있어 눈길을 끄는 86번 단장의 결론은 다음과 같다.

지금도 나는 여전히 현기증이 난다.
1862년 1월 23일 오늘 내게 이상한 병적 징후가 나타났는데, 내 몸 위로 치매癡呆의 날갯짓이 스쳐지나가는 것을 느꼈던 것이다.

스스로 이런 심신의 심각한 장애의 원인을 '히스테리'로 규정한 보들레르는 희망과 용기, 사기 앙양을 통한 자가 치료를 위해 '위생'이라 이름 붙인 몇 개의 단장을 쓰기 시작했던 것이다.

아무튼 '일기'라는 형식에 걸맞게 구체적인 날짜가 드러나 있는 경우는 치매 걱정을 하고 있는 위의 단장과, 중요한 일들을 끊임없이 다음날로 미루는 자신의 게으른 습관을 비유적으로 서술하며 '1856년 5월 13일 화요일'이라고 요일까지 명기해놓은 「폭죽불꽃」 12번 등에 그친다. 그러나 '내면 일기'가 통상적인 일기는 아닐지언정 그 솔직한 어조에 있어서나, 단도직입적인 잠언 형식을 빌린 지극히 개인적인 속내 이야기라는 점에서 보들레르의 '내면'의 기록임에는 틀림없다.

우울하고 때론 과격하게

다른 부部에 비해 현저히 양이 적어 별도의 독립성을 보장받지 못하는 '위생'을 차치하고 나면, 『내년 일기』는 그새 「폭죽불꽃」과 「벌거벗은 내 마음」이라는 두 부분으로 구성되어 있다. 피슈와의 세밀한 보들레르 평전에 따르자면, 전자는 1855년에서 1862년 사이에, 후자는 1859년부터 1865년에 걸쳐 쓰여졌다는 것이다. 사실 보들레르가 『라 프레스』지의 편집장인 아르센 우세이에게 보낸 1862년 8월 18일자의 서한에서, 보들레르는 거처를 마련키 위해 도움을 청하면서 「폭죽불꽃」의 출간을 제의하고 있다. 결국 이것은 먼저 집필된 「폭죽불꽃」이 애초부터 현재와 같은 잠언집의 형태로 구상되었던 것에 비해 「벌거벗은 내 마음」 속의 아포리즘들은 후일 동명의 거대한 책 한 권을 쓰기 위한, 그야말로 기초 자료로서의 메모였다는 상이한 제작 배경을 보여주는 것이다.

그러나 상호 간의 내적 연관성을 결코 부인할 수 없는 이 두 부를 서로 식별하게 해주는 정서상의 본질적인 차이점에 관해서는, 심혈을 기울여 『악의 꽃』에 이어 『내면 일기』의 주석판도 공동으로 펴낸 자크 크레페와 조르쥬 블랭의 견해를 경청할 만하다.

「벌거벗은 내 마음」에서는 폭력성, 잔인함, 인신공격, 원한과 절망의 울부짖음, 복수심 등등이 한껏 드러나고 있는데 반해, 「폭죽불꽃」에서 저자는 삶에 지치고 환멸을 느낀 나머지 자기 자신에 대해서조차도 한걸음 물러서서 초연한 듯한 어조로 이야기하고 있다. 전체적으로 볼 때 「폭죽불꽃」과 「벌거벗은 내 마음」을 쉽게 구분해주는 점은 슬픔·염세주의·한탄·냉소가 전자의 영역이라면 분노·심통·노발대발·욕설은 후자의 것이다.

우울함 대對 과격함으로 일견 구별되는 듯하지만 시인이 스스로를 자제하는 정도 차이를 감안하고 본다면, 이 둘은 모두 뿌리 깊은 페시미즘pessimism에 기반을 둔 날카로운 통찰력으로 인간 심리를 꿰뚫는 모랄리스트 보들레르의 진면목을 유감

없이 담고 있는 것이다.

게다가 양쪽 모두 제목 선정 과정에 있어서, 보들레르가 전 작품을 프랑스어로 번역해냈으며 끊임없이 자신의 이상형으로 동일시하던 미국의 선배 시인 에드거 앨런 포(1809~1849)의 영향이 분명히 드러나고 있다. 우선 「폭죽불꽃」으로 옮긴 Fusées에 대해서는 포의 산문집 『마르지날리아』에서 관련 대목을 찾아볼 수 있다.

독일어 단어 schwärmerei는 '조롱꾼'이 아니라, 차라리 '폭죽fusées을 날리는 사람'을 의미하는데, 이 용어는 최근에 보스턴 지역에서 유행하는 독특한 비평 문체를 가리키는 데 적합한 것 같다.

밤하늘에 높이 쏘아 올려져 한순간 눈부시게 작렬하고는 이내 흩어져 꺼져버리는 찬란한 불꽃놀이. 이는 그 불연속성으로 말미암아 정신적 폭죽의 짐멸을 꿈꾸며, 재치 넘치는 짧은 경구로, 별안간 떠오르는 기발한 상념을 암시적으로 표현하려는 보들레르의 욕구에 제격이었다. 자폭하는 폭죽의 파괴력에 걸맞게 보들레르의 상상력은 그 어느 때보다도 역동적이고, 이를 표출하는 언어는 몹시 충동적이다. 현실을 조각난 파편처럼 순간에 포착하는 방법인 단장은 당연히 서로 상반되는 요소들이 동시에 명멸하며 한곳에 모아진 밀도 높은 협소한 장소이기에 그 교착적 역설이 눈길을 끈다. 예를 들어 「폭죽불꽃」 2번의 "나는 만인이요, 만인은 곧 나이다. / 회오리" 같은 모순성은 「벌거벗은 내 마음」에서도 여전하다.

> 모든 인간의 내부에는 언제나 두 개의 갈망이 있는데,
> 하나는 신을 향한 것, 다른 하나는 악마를 향한 것이다.
> 신 또는 정신적인 것에의 기원은 상승하려는 욕망이요,
> 악마 또는 동물성에의 기원은 하강하는 쾌감이다.
> 여인들에 대한 사랑과 관련된 것은 바로 이 후자이다.

끊임없이 숭고한 정신과 본능적 충동 사이에서 오락가락하는 심리 상태는 선과 악, 영혼과 육신의 분열에서 기인하는 것으로, 이렇듯 단일한 존재의 이원화에서 비롯되는 모든 인간적 고통과 번뇌를 담아내는 데 패러독스가 적절히 활용된 것이다.

한편 "보들레르가 자기 자신을 발견해나간 것은 포를 통해서였다."라는 후세의 지적을 증명이라도 하듯, 「폭죽불꽃」보다 나중에 구상된 「벌거벗은 내 마음」에 이르러서는 포의 영향이 더욱 노골적으로 드러났다. 다음은 역시 『마르지날리아』의 한 대목이다.

> 어떤 야심 찬 사람이 있어 인간의 사고와 견해, 감정 세계 전체를 단번에 뒤집어볼 생각이 들었다면, 그의 앞에는 자신의 이름을 불멸의 것으로 만들어줄 탄탄대로가 활짝 열

려 있다. 아주 작은 책 한 권을 써서 출판하면 되는데, 몇 개의 단어만으로 된 간단한 책 제목은 'My Heart Laid Bare'이다. 그러나 이 책은 반드시 제목이 내건 약속을 엄수해야 한다.

이는 보들레르가 얼마나 충실히 포의 충고를 따르고 있는가를 일거에 보여준다. 단지 시인은 『고백록』의 루소처럼 '두꺼운 책'을 쓰려고 욕심은 냈으나 결국 이루지 못하였고, 메모 상태로 남겨진 단장들은 시인 사후에 '아주 작은 책'인 「벌거벗은 내 마음」으로 묶여 보들레르의 영광을 이루게 되니, 이로써 포의 예언은 모두 적중한 셈이다.

독설과 통찰의 비망록

'국경 너머 프랑스 문학을 세계화시킨 주역'인 보들레르의 미학은 크게 '상징'과 '현대성'으로 요약될 수 있다. 그의 유일한 시집 『악의 꽃』이 제시하고 있는 상징주의란, "초자연적 상상력에 의해 우주의 신비와 삶의 깊이가 시인에게만은 송두리째 제 모습을 드러내는 순간이 있는데, 바로 이때의 환기력 강한 암시가 상징"이라는 것이다. 한편 보들레르의 현대성은 산문시집 『파리의 우울』에서 끔찍하게 거대한 도시 속 군중의 고통스러운 일상으로 표현되고 있는데, 이는 진선미를 추구하던 이전의 예술관을 일시에 허물며 위기에 처한 인간의 죄악과 고통, 고독과 저주라는 어두운 면을 대담하게 직시한 것이다.

결국 보들레르 스스로가 자신에 관한 고백이라고 내세우는 『내면 일기』도 이런 인간으로서의 자아에 관한 치열한 탐구의 흔적이다. 한데 이미 오래 전부터 프랑스에는 복잡한 인간 심리를 관찰하여 인간의 다양한 성정을 파악하고, 인간들 사이의 관계, 즉 모럴moral에 유독 관심을 기울이는 문학적 전통이 있어왔는데 이를 '모럴리스트 문학'이라 한다. 그 선두에는 16세기 르네상스기에 "자기 자신이 이 책의 소재"라며 보편적 인간성을 탐구한 『수상록』의 저자 몽테뉴가 있고, 17세기에는 900개가 넘는 단장으로 이루어져 있고, 이 분야의 가장 탁월한 인간 연구서로 간주되는 '파스칼 씨氏의 생각' 『팡세』가 뒤를 잇는다. 『팡세』는 이중적인 인간 내부의 갖가지 모순점을 담고 있는 단장이라는 구성 형식과 저자 사후에야 출간되는 정황, 그리고 특히 종교적 배경이 되는 장세니즘Jansenism에 의해 보들레르의 『내면 일기』와 놀라운 유사성을 보인다.

이미 태어날 때부터 인간은 운명적으로 신의 은총이나 저주를 받게 되어 있다는 장세니즘은 신학자 얀센이 주장한 예정설이다. 인간의 자유 의지에 대해 회의적인 이런 비관주의적 기독교 전통은 멀리 아우구스티누스에서부터 파스칼에 이르기까지 서구에 널리 퍼져 있었다. 무엇보다도 부르주아 사회를 사로잡고 있던 죄의식을 대변하는 장세니즘은 냉혹한 신을 내세워 징계하는 과오와 처벌의 종교관이다. 그러므로 보들레르가 자주 기도에 의지해 용서를 구하고 회개하는 것은 이런 기독교적 원죄 사상에서 비롯된 것이고, 당연히 원죄와 연결되어 있는 여성과 나누는 관능적 사랑도 죄악시된다. 여성과 육욕에 관한 이런 부정적 시각은 보들레르 미학 세계 내에서 각각 '당디즘'과 '영혼의 성스러운 매음'으로 해소된다.

18세기에는 자아를 해부하고 이를 서슴없이 고백하는 루소가 있다. 보들레르가 경쟁상대로 삼고 있는 『고백록』은 시대를 앞선 그의 정치사상으로 박해받던 만년의 루소가 서정적 감수성과 문학적 상상력을 총동원해 스스로를 변호하고 있는 작품인데, 그 피해의식과 독선은 '내면 일기'와 쌍벽을 이룬다. 한데 성선설 대 성악설, 민주주의 대 귀족정치 등으로 매번 대립하는 루소와 보들레르이지만 인류 진보에 관해서만은 이 두 사람 모두 부정적이라는 점이 눈길을 끈다. 루소가 사회의 발전이 자연 상태 속의 선한 인간을 타락시킨다고 질타했다면, 대혁명기에 反혁명을 주창한 조제프 드 메스트르의 반동적 사상을 그대로 답습한 보들레르는 산업혁명과 자본주의가 비등하던 19세기 중반에 시대의 흐름을 역행하며 反진보를 역설했다. 이것은 인간이란 근본적으로 악한 존재이기에 정신적 진보가 불가능하며, 따라서 기술적이고 물질적인 진보는 이 근원적 악을 더욱 심화시킬 뿐이라는 지극히 성악설적 입장이다. 「폭죽불꽃」의 마지막 단장에서 공업적 발전에 대한 맹신을 경고하며, '아메리카니즘'으로 대표되는 미래의 소비사회를 예언하고 있는 보들레르의 혜안은 놀라울 뿐이다.

이렇듯 보들레르는 인간성의 가장 은밀하게 감추어진 부분을 뒤져 그것이 비록 추악한 모습일지라도 적나라하게 폭로함으로써 이전에는 전혀 경험해보지 못한 새로운 전율과 감동을 만들어냈고, 이로써 몽테뉴, 파스칼, 루소의 뒤를 이어 모랄리스트의 찬란한 계보에 당당히 합류하는 것이다. 창작 불능에 대한 극도의 불안과 피할 수 없었던 생활고와 질병, 그리고 노쇠와 죽음에 대한 강박관념에 늘 시달리던 보들레르. 영혼과 육신의 분열로 번민하고, 자기 문학의 영생을 확신할수록 더욱 예술적 고뇌에 빠져들었으며, 무엇보다도 자기 시대와의 반목으로 위축되던 이 천재가 독설 어린 잠언에 담아놓은 인간에 대한 통찰의 비망록인 『내면 일기』. 상념에 따라 조금씩 천천히 음미하자, '머리도 꼬리도 알아볼 수 없게 잘게 토막낸 한 마리 뱀'의 살코기를……

시인의 편지

1,420통의 편지

　최고의 권위를 자랑하는 플레이야드 판版 보들레르 전집은 모두 4권으로 구성되어 있는데, 그 절반인 2권이 평생 친지들에게 써 보낸 편지들을 모아 놓은 서간집이라는 사실은 시사하는 바가 크다. 워낙 특이한 삶을 살다간 시인이기에, 그의 불안한 내면의 모습을 그대로 담아내고 있는 서간집은 분노와 한탄, 절망으로 점철되어 있다. 플레이야드 판 서간집에는 총 1,420통의 서찰이 1832년부터 1866년까지 그가 보낸 35년의 세월을 고스란히 간직하고 있다. 그중 압도적인 분량과 적나라한 내용으로 눈길을 끄는 것은 단연 모친인 오픽 부인에게 보낸 편지들인데, 여기에서는 재혼한 모친에 대한 애증과 끊임없이 되풀이되는 금전 요구, 게다가 육체적 정신적 건강에 대한 토로가 하염없이 이어진다.

어머님 전상서

모친에게 보낸 1861년 5월 6일자 편지는 시인의 원숙기인 나이 40살 때의 것으로, 모친에게 보낸 것 중 가장 고통스럽고도 다정한 내용으로 유명하다. 이 편지는 여전히 어머니에게 어리광을 부리는 철부지 아들의 모습과 더불어, 자신의 모든 불행의 원인을 모친이 주도하여 설정한 금치산에서 찾으려는 듯 과거에 사로잡혀 있는 가여운 영혼을 그대로 드러내고 있다. 가장 아름답다는 이 편지를 보들레르의 대표적 서간으로 꼽는 이유는, 장문의 길이에 걸맞게 그의 인생 역정이 단계별로 제시되어 있어 인간 보들레르의 이해에 필요한 키워드들을 쉽사리 추려볼 수 있기 때문이다.

시종 금전 문제를 호소하고 있는 이 편지는 당장 급히 갚아야 하는 은행돈을 막기 위해 법정 후견인에게 청을 해달라는 목적과 아울러, 이번 기회에 거금 일만 프랑을 먼저 양도받아 시골의 어머니 곁에 정착해 집필에만 전념할 수 있게 해달라고 모친을 조르는 내용이다. 그런 연유에선지 어머니의 모정을 자극하고 동정심을 유발하기 위해서, 보들레르는 연로한 부친이 사망한 1827년 2월부터 이듬해 11월 모친이 오픽 소령과 재혼하기 전까지 단 둘이만 살며 애정을 독차지하던 시기를 아련히 기억해내고 있다.

그 시절 어머니는 저와 함께 오랫동안 산보를 하며 다정한 모습을 보여주셨지요. 저는 아직도 그 강둑을 기억하는데, 저녁 풍경이 어찌나 슬퍼 보였던지. 아! 어머니의 정을 느낄 수 있었던 행복한 순간이었어요. 어머니에게는 틀림없이 고통스러웠을 순간을 제가 행복한 시간이라고 부르는 것을 용서해 주세요. 어머니는 어린 저에게 우상이며 동시에 친구였으니까요.

모친 카롤린느

보들레르의 모친 카롤린느는 아주 어린 시절 양친을 모두 여의고 페리뇽 가家에 수양딸로 들어갔다. 여기서 양부의 친구인 프랑스와 보들레르를 알게 되어 그가 상처한 후인 1819년에 결혼하게 되었는데, 당시 카롤린느는 26세였으나 남편의 나이는 환갑이었다. 2년 후 아들 샤를르가 태어나고, 어린 아들이 여섯 살 되던 1827년에 그녀는 다음 해에 서둘러 오픽 소령과 재혼을 했던 것이다. 이후 승진을 거듭한 오픽 장군은 주 터키 대사와 스페인 대사를 역임하고 상원의원으로 임명되는 등 의붓아들과는 비교할 수 없을 정도로 사회·경제적인 출세를 하였다. 그는 1855년에 노르망디의 아름다운 항구 도시 옹플뢰르에 은퇴 후 머무를 별장을 한 채 구입했는데, 2년 후 그가 사망하자 모친은 파리를 떠나 홀로 그곳에 정착하게 된다.

지옥 같은 파리의 삶에 지친 보들레르는 모친이 있는 옹플뢰르를 그리워하며, 자신이 '장난감 집'이라 부르는 방 3칸짜리 이 작은 집에 머물며 오로지 집필에만 전념할 것을 꿈꾼다. 사실 보들레르는 1859년 12월 이곳에 잠시 머물며 애인 잔느 뒤발에게 편지를 쓴 적이 있다. 파리에 있는 출판사들과의 원고 교류도 우편을 이용하면 된다고 장담하였지만, 그의 옹플뢰르에서의 안주安住는 결코 이루어지지 않았다.

사랑하는 잔느에게

잔느에게 소식을 전하는 1859년 말부터 1861년 5월 모친에게 서찰을 보내는 이 기간은 보들레르의 인생에 있어 말년으로 접어 들어가는 변화의 시기였다. 오픽 장군이 죽은 1857년에 출간된 시집『악의 꽃』은「피가로」지에 실린 기사가 발단이 되어 6편의 시가 삭제되고, 시인과 출판사 모두 벌금형을 선고받는 등 우여곡절을 겪었다. 그 후 보들레르는 옹플뢰르에 여러 차례 머물며 오래 사귀어온 정부 잔느와의 결별을 다시금 다짐하지만, 그녀가 중풍으로 우측 반신불수가 되자 안쓰러워하며 파리에 혼자 있는 그녀의 건강과 재정 상태를 걱정하고 있다.

이 편지를 받자마자 새 봉투에 넣고, 하녀를 시켜 주소를 쓰시오. 몹쓸 중풍 때문에 왼 손으로 글을 쓰는 일이 어설플 테니까. 어쨌든 나는 곧 파리로 돌아가오. 돈이 좀 생길 텐데, 그것으로 당신을 즐겁게 해주리라. 만약 앙셀 씨가 이 편지 내용을 모두 읽게 되는 것이 불쾌하다면, 편지를 상하로 절단해 밑의 영수증만 남겨도 괜찮소. 그리고 길이 몹시 미끄러우니 부축해주는 사람 없이는 외출하지 마시오.

'사랑하는 딸(fille)에게'라는 자상한 문구로 시작하는 이 편지는 보들레르가 잔느에게 썼던 편지들 중 유일하게 오늘날까지 전해지는 것이다. 잔느가 40프랑을 지급받도록 되어 있는 영수증을 자르지 않고 편지를 통째로 시인의 법정 후견인에게 보냈기에 1859년 12월 17일자 이 아름다운 서한이 고스란히 보전될 수 있었던 것이 우리에게는 다행한 일이다.

법정 후견인, 앙셀

한편 이 편지에서 보들레르가 언급하고 있는 풀레-말라시스와의 출판 계약은 계획대로 1860년 정초에 이루어져서, 이 듬해 2월 『악의 꽃』이 증보되어 출간된다. 그러나 세인들의 무관심 속에 이 시집의 재판再版은 홀대받았고, 이로 인한 시인의 실망감은 사기저하와 질병유발의 단계를 넘어 자살충동에까지 이를 정도였다. 아들의 건강 상태에 어머니가 좀더 관심을 가져주길 요구하며 다음과 같이 토로하고 있다.

나를 파괴해 가는 신경증에 관해서는 언급조차 하고 싶지 않아요. 그것으로 매일매일 사기는 줄어들고 구토와 불면, 악몽과 무기력 등이 이어집니다. 이런 마당에 어머니께 쉬쉬하며 더 이상 무언가를 감추는 것이 무슨 소용 있겠어요. 꽤 오래 전 청년기에 나는 매독에 감염되었지만, 그 후 완치되었다고 믿었습니다. 그런데 요즘 이 병이 다시금 재발하여 새로운 증상들이 나타나고 있습니다. 피부에 반점들이 생기고, 관절의 마디마디가 쿡쿡 쑤시며 극도의 피로감을 느낍니다. (중략) 그런데 저는 끊임없이 자살의 경계를 어슬렁거립니다.

철없던 시절 매음굴에서 걸린 매독이 잠복하고 있다가 불시에 재발하며 시인의 여생 동안 떨어지지 않았다는 사실은, 어쩌면 그의 나이 23세 때 모친이 주도하여 설정한 법정후견제가 시인을 평생 괴롭혔던 모습과도 중첩되어 보인다.

물려받은 선친의 유산을 탕진하는 것을 보다 못한 가족들은 그를 금치산자로 선고하여 나머지 유산을 보호하려 함으로써 시인은 일정액을 연금처럼 조금씩 지불 받게 되었다. 이후부터 보들레르는 점차 빚을 지게 되고, 다른 곳에서 돈을 빌려 이전의 빚을 갚아 나가는 부채의 악순환에 걸려들게 된다. 가족회의가 열린 1844년 가을부터 시작된 이 고통은 어머니의

'신중하지 못한 경솔한 결정'에서 비롯됐다고 여겼기에, "자식이 늙을 때까지 금치산자라는 한탄스러운 표식을 이마에 달고 다니도록 몰아붙이지는 않았습니까?"라며 그는 모친을 공박하기도 한다.

　가족회의가 시인의 법정 후견인으로 지정한 것은 오픽 家의 오랜 친지이자 파리 근교 뇌이유 시장인 나르시스 앙셀이었다. 보들레르는 처음에 적의를 갖고 꽤나 편협한 인물이라며 앙셀을 대했지만, 말년에는 급한 돈을 가불해 주는 친구로 받아들이게 된다. 자신이 파리를 비운 동안에 금전적으로 궁핍한 잔느에게 돈을 빌려주라고 차용증을 써서 보내는 사이가된 것이다.

검은 비너스 잔느

　단테의 베아트리체 이후 그 어떤 여인이 '검은 비너스' 잔느 뒤발보다 후대에 더 그 이름을 남겼을까. 보들레르가 손수 그린 초상화가 몇 장 남아 있는 이 여인은 1838~1839년 연극 시즌에 '베르트'라는 예명으로 활동한 단역 배우 출신이었다. 1842년 인도양 항해여행에서 돌아온 보들레르가 선친의 유산을 물려받고 방종한 당디 생활을 시작할 무렵 첫눈에 홀딱 반해 빠져든 것이 잔느이다. 흑백 혼혈의 여자와 백인 남자 사이에서 태어나 4분의 1 혼혈이라는 독특한 이국적 매력을 지닌 그녀는 꽤나 이름난 창녀였는데, 그녀의 모친과 외조모 또한 창녀였다고 알려져 있다.

앞에서 인용한 편지에서 알 수 있듯, 잔느는 1859년 풍을 맞아 반신불수가 된다. 1861년 5월 모친에게 보낸 서신에서 시인은 잔느의 근황을 다음과 같이 전하고 있다.

근자에 그녀에게 몇 가지 일이 있었는데, 오빠란 작자가 잔느를 떼어버리기 위해 병원에 처넣은 사건이었지요. 그녀 가 퇴원을 하고 나와 보니, 가구와 옷가지들을 그 작자가 다 팔아치워 챙겨갔다는 겁니다.

라고 근황을 전하고 있다. 오빠라고 자칭하는 잔느의 옛 애인 이 찾아와 시작된 이상한 삼각동거를 견디다 못한 보들레르가

가출해버리자, 이 사기꾼은 잔느를 시립 요양원에 입원 시키고 살림을 정리한 돈을 챙겨 달아났던 것이다. 1867년 보들레르 사망 후 에도 목발에 의지하며 거리 를 헤매 다니던 그녀가 목 격되기도 했지만, 1878년 이후로는 행방을 완전히 감 추고 만다.

보들레르가 그린 잔느 뒤발

보들레르 서간집

　체계적으로 정리된 보들레르 서간집을 읽는다는 것은 불평 불만조인 그의 목소리로 그의 전기를 읽는 일이나 다를 바 없 다. 보들레르 연구의 최고봉을 이룬 피슈아는 이 서간집을 "보들레르 자신이 대본과 연출 및 주연까지 도맡은 연극"이라 일컬었다. 물론 이 연극은 사이코드라마임에 틀림없다. 보들 레르 심리극 속의 트라우마(정신적 상처)는 크게 보아 두 가지 로 묶어볼 수 있는데, 그 하나가 부족한 현실 적응능력이겠고 또 다른 하나는 창작에의 어려움이리라.

　그러나 끝까지 우리의 시인을 지탱해 준 것은 "돈은 거의 벌어들이지 못하겠지만, 후대에 굉장한 명성을 남기게 될 것 이다."라는, 자신의 문학에 대한 확고한 믿음이었다. 서간들의 발신지로 미루어 보아, 보들레르는 빚쟁이들의 독촉을 피하고 싼 집을 찾아 25년 동안 파리에서 무려 30번 이상 이사를 다 닌 것 같다. 글을 쓰기 위해 도서관이나 카페를 전전했던 보들 레르. 쉿! 보들레르가 무엇인가를 쓰고 있다. 시를 쓰는 것인 가, 편지를 쓰고 있는 것일까.

젊은 날의 자화상 「라 팡파를로」

　고등학교에서 물의를 빚어 퇴학당했지만 이듬해 대학입학 자격시험을 수월히 통과한 보들레르는 재혼한 모친의 곁을 떠나 파리로 상경한 후, 문학청년으로서 자유분방한 삶을 시작한다. 선친에게서 물려받은 유산으로 방탕하고 무절제한 생활을 하다 금치산을 선고받을 즈음, 그는 미전美展의 평을 쓰는 등 신진 미술평론가로서 문필 생활을 막 시작하였으며, 자작 시 몇 편을 실어볼까 하며 여러 문학지를 기웃거리던 시절이었다. 단편 소설 「라 팡파를로」는 지금까지도 그 원인이 정확히 알려지지 않은 자해 소동을 벌이는 등 그가 열에 들떠 지내던 시기에 구상하여 1847년 문필가 협회 회보 1월호에 게재한 작품이다.

마치 보들레르의 청년기 자화상을 보는 듯 그를 쏙 빼어 닮은 주인공 사무엘 크라메는 산책 중에 우연히 유년기의 소꿉친구 코스멜리 부인을 만나 그녀의 하소연을 듣게 된다. 그녀는 크라메에게, 꽤나 유명한 무희 라 팡파를로에게 푹 빠진 자신의 남편을 구출해 가정으로 돌아오게 해준다면 그 대가는 무엇이라도 좋다는 제의를 건넨다. 은근히 코스멜리 부인을 사모하는 사무엘은 그녀와의 밀회라는 보상을 꿈꾸며, 라 팡파를로에게 접근하여 그녀의 마음을 일시에 사로잡지만 급기야 발목이 잡혀 동거까지 하게 된다. 자연히 코스멜리 씨는 이내 정숙한 아내에게 되돌아간다는 것이 「라 팡파를로」의 줄거리이다.

이 단편은 다음 몇 가지 점에서 우리의 시선을 끄는데, 우선 주목할 점은 보들레르가 남긴 유일한 소설이라는 사실이다. 문학 청년기의 시인은 이 작품을 통해 자신의 소설 창작 가능성을 타진했을 터인데, 이듬해 단행본으로 출간될 때 당시로서는 상당한 분량인 12,000부를 찍었다고 하니 호평을 받은 작품임에 틀림없다. 이후 『악의 꽃』이 출판되기까지 꼬박 10년 동안 보들레르가 자신의 대표작으로 이 작품을 내세운 점으로 미루어볼 때, 그가 소설이라는 장르에 더 이상 미련을 두지는 않았지만 그렇다고 단편 「라 팡파를로」에 애착이 없었던 것은 아닌 듯하다.

두 번째, 작가 자신도 언급한 바 있는 주제의 외설성에 대한 것도 살펴볼 만한 부분이다. 「라 팡파를로」에서 그는 이미 18

세기 말의 심리 소설 『위험한 관계』에서 정면으로 다루어졌던 '부도덕한 사랑 게임'을 소재로 택하고 있다. 독자들은 「라 팡파를로」의 내용이 어떤 이의 사랑을 얻기 위해 다른 대상을 유혹한다는 패륜적인 것이라는 점에서, 인간의 다양한 성정性情, 즉 인간성 탐구에 천착하는 모럴리스트로서의 보들레르를 만날 수 있다.

그러나 무엇보다도 이 작품의 핵심은 '프랑스의 마지막 낭만주의자'로 작중에서 소개한 주인공 사무엘 크라메라는 인물 그 자체에 있다. 그는 냉정한 성격의 부계와 열광적인 모계 쪽 혈통이 절묘하게 만나 빚어낸 뛰어난 용모의 소유자이다. 이렇다할 직업도 없이 넘쳐나는 시간에 오로지 자기가 하고 싶은 일만 찾아 하는 그에게 최대의 소일거리인 사랑은 더 이상 자연스런 감정의 문제가 아닌 연구하고 분석해야 할 사변적 논리의 대상이 된다. 또한 어쩌다 슬픈 마음에 눈물이 한 방울 나오려고 하면 얼른 거울 앞으로 달려가 펑펑 우는 자신의 모습을 확인해야만 직성이 풀리고, 한번 터진 웃음은 쉽게 멈출 수 없는 등 기질로 보면 타고난 희극 배우인 사무엘이 창녀와 같은 무희 라 팡파를로에게 위험스레 빠져드는 극적인 상황은 희극적이다 못해 몹시 비극적으로까지 보인다.

끝으로 이 소설에는 보들레르, 특히 불어나는 빚의 고통과 생활고를 아직 모르던 시절 '당디'로서의 보들레르가 그대로 용해되어 있다. 자신의 외모에만 관심을 기울이며 멋 부리기에 열중한다는 영국식 용어 '댄디'에, 보들레르는 정신적 귀족이나 문학적 영웅주의라는 나름의 특별한 의미를 부여하여 그 것을 '당디즘'이라 불렀다. 여기에는 자본주의가 절정을 이루 던 19세기 중반 급변하는 유럽의 사회상이 그대로 반영되어 있는데, 민주주의가 아직 제대로 정착하지 못한 채 몰락한 귀 족계급이 여전히 잔존하는 상황에서 '당디'란 천박한 물질주 의에 반항하는 지적 정신의 오만한 구현인 셈이다.

진지한 탐구의 대상이어야 할 사랑이 이미 일상생활 그 자 체가 되어버린 라 팡파를로와의 동거에서, 사무엘 크라메는 자선사업을 하는 고급 창부에게 기생하며 어느덧 그녀를 이용 해 세속적 영예인 한림원 회원직과 문화훈장을 탐하게 된다. 현실의 본능적인 물질주의에 언제나 저항해야 하며, 끊임없는 자기 집중과 정화를 통해 자신만의 독창성을 유지해야 하는 자아숭배자 당디는 사라지고, 대신 '파렴치한 지성인'만이 남 은 것이다. "여성은 배고프면 먹으려 하고 목마르면 마시려 한다. 그러므로 여성은 속물이다. 즉, 당디의 정반대이다."라 는 보들레르의 경구는, 한때 당디였으나 속물 그 자체인 라 팡 파를로에게 점차 동화되어 가는 주인공의 뒤바뀐 숙명을 비웃 고 있는 것이다. 그런데 사무엘 크라메가 어디 한 사람뿐이랴.

보들레르의 사진

보들레르의 사진관寫眞觀

　보들레르의 평론「현대의 대중과 사진」은 그의 미술 비평집『1859년 미전평』에 실린 몹시 논쟁적인 글이다. 일찍이 미술비평가로 경력을 시작한 보들레르는 데뷔 첫 해인 1845년과 그 이듬해에『미전평』을 두 차례 낸 바 있지만, 이 글은 1857년 불세출의 시집『악의 꽃』을 발표하고 난 직후 그 역량이 최고에 이른 시기에 씌어진 것이다.

　사실 1859년은 프랑스 사진의 역사에 있어 특기할 만한 해이다. 발명가 다게르(1787~1851)가 사진 특허권을 따낸 1839년 이래 줄기차게 나다르 등의 사진가들이 주장한 결과 그해 미전이 열리는 샹젤리제 궁宮 한구석에서는 사진협회가 주관하는 전시회도 열릴 수 있었다. 이것은 바야흐로 사진이 회화나 조각 등 전통적 미술 분야와 마찬가지로 동등한 예술적 권리를 얻게 되었음을 의미하는 사건이었다.

이런 맥락에서 보들레르는 사진을 혹평한 글로 유명한 「현대의 대중과 사진」을 발표하게 된다. 1848년 무렵부터 맹위를 떨치던 사실주의 운동의 여파 속에서 관객들은 사진이라는 산업의 결과물을 예술품과 혼동한다고 일갈하며 그는 다음과 같이 말한다. "요즘같이 통탄할 시기에 새로운 산업인 사진이 생겨났는데 (중략) 이것은 재능이 없다거나 게을러서 실패한 모든 화가들에게 피난처가 되었다." 한편으로는 사진의 자료 보존 기능을 인정하면서도, 다른 한편으로 사진에 관한 이런 비판적 입장을 취하는 것은 산업기술 또는 진보라는 것이 인간에 대한 '물질의 점진적인 지배'이기에 진정한 예술을 타락시킨다고 확신하는 그의 문명관文明觀에서 비롯된다.

이러한 보들레르의 입장을 후일 벤야민(19세기 불문학 연구를 필생의 업으로 삼은 독일 비평가, 1892~1940)은 필독의 논문 「기술복제시대의 예술작품」에서 "최초로 혁명적이라고 부를 수 있는 복제수단인 사진술이 등장하게 되자 예술은 위기가 다가오고 있음을 느꼈다. 사진에 대한 보들레르의 반감은 산업사회의 발전에 대한 것이자, 동시에 사진의 사실주의적 모사에 관한 반론"이라며 명쾌히 요약하고 있다. 예술작품을 기술적으로 복제할 수 있게 되자 예술 자체를 대하는 사람들의 태도도 크게 변화하였고, 따라서 당시 대다수의 예술가들은 사진이라는 새로운 양식이 종래의 회화와 문학을 압살할 것이라고 우려하고 있었다.

그러나 사진을 경원시하는 미술비평가로서의 엄격한 태도와는 달리, 현대적 대중의 한 사람으로서의 보들레르 역시 당대에 선풍적인 인기를 누리던 초상사진에 열광하고 있었다. 옹플뢰르의 모친에게 1865년 연말, 망명지 브뤼셀에서 보낸 편지에 그것이 나타나 있다.

어머니의 초상사진을 갖고 싶다는 생각에 온통 들떠 있습니다. 르아부르에 훌륭한 사진사가 있습니다만, 제가 현장에 있어야만 합니다. 어머니는 사진에 대해 잘 모르시지만, 모든 사진사들은 우습게도 인물의 모든 결점과 주름들마저 지나칠 정도로 잘 보여야 좋은 사진으로 여긴답니다. 파리에나 가야 제가 원하는 바, 즉 정확하지만 어딘지 스케치처럼 흐릿한 점을 갖고 있는 초상사진을 찍을 수 있습니다. 우리 한번 생각해 봐요(1865년 12월 23일)

유행처럼 넘쳐나는 상업 초상사진사들을 제쳐두고, 파리에 가야 만날 수 있다는 예술적 안목을 가진 사진작가는 보들레르의 친구이자, 전직이 인물풍자 화가였던 펠릭스 나다르(1820~1910)이다. 그는 1853년 아틀리에를 개점한 이래 1870년대까지 당대의 정계와 문화예술계 명사들의 특출한 인물사진을 찍어 유명해진 사람이었다.

보들레르가 원하는 모친의 사진이란 기계적으로 복제된 차가운 이미지가 아니라, 어딘지 회화적인 분위기를 지닌 의도된 흐릿함을 지니는 것이다. 그런데 이런 흐릿함이야말로 모델 개인을 낭만적으로 미화하여 감동적인 스타일을 만들어 내는 나다르 초상사진의 특징이었다. 나다르는 본인의 촬영미학을 이렇게 요약했다. "광선에 대한 감각과 이를 예술적으로 적용하는 일은 결코 배워서 아는 것이 아니다. 더욱 배울 수 없는 것은 모델을 정신적으로 파악하여, 그의 외양과 가장 닮은 내면의 모습을 찾아내는 일이다. 이렇게 심리적 가치를 부여받은 사진은 비로소 진정한 예술작품이 된다."

다시 보들레르의 「현대의 대중과 사진」으로 되돌아가 보면 "시와 진보는 본능적으로 서로 증오하여, 어쩌다 서로 마주치면 반드시 둘 중 하나가 굴복해야 한다."라는 대목이 이 글의 핵심임을 알 수 있다. 그러나 '시'로 대변되는 기존 예술과 진보의 결정체인 '사진'의 대립이 결국 후자의 승리로 귀결될 것임을 시인은 익히 알고 있었다. 보들레르 또한 기꺼이 생라자르 가街의 나다르 아틀리에를 찾아가 포즈를 취하였다. 사회 전반적으로 예술이 쇠퇴하고 있던 실증주의 전성기에 그나마 나다르의 사진술은 '물질적'으로 이미지를 복제하면서도, 독창적 상상력과 매력적인 분위기를 통해 대상인물을 '정신적'으로 표현해 낸다는 것을 보들레르는 알았기 때문이었다.

나다르 초상사진 특유의 흐릿함이란 사실 낮은 성능의 렌

즈와 원판의 약한 감광작용으로 인해 노출시간이 길어질 수밖에 없는 상황에서, 부동 상태의 모델들을 장시간 촬영하는 데서 기인한다. 더할 나위 없이 자연스러운 희미한 얼굴 윤곽과 거기에 순간적으로 스치는 우수 어린 표정은 미묘한 분위기를 자아낸다. 이렇게 대상 주위를 감싸고 있는 매질媒質로서의 분위기 현상을 벤야민은 '아우라'라고 부르는데, 초창기 사진 작품들의 아우라는 기술복제시대가 진행될수록 급속도로 파괴되어 사라져 갔다.

시인의 초상사진

이제 나다르가 찍은 보들레르 사진들을 중심으로, 시(보들레르)와 사진(나다르)이 타협, 공모하여 어떻게 '외양과 닮은 내면의 모습'을 재현해냈는가를 구체적으로 살펴보자.

「선원 외투를 입은 샤를르 보들레르」라는 제목이 붙어 있는 다음 사진은 현재 파리 오르세 미술관의 소장품으로 1855년에 촬영된 것이다. 34살의 젊은 시인이 자신감에 미소를 살짝 머금고 있는 이 사진은 당시에도 당디로 유명했던 그의 의상감각을 깃을 세운 더블반코트, 오른쪽 소매를 통해 내비치는 체크무늬 셔츠 등을 통해 유감없이 보여주고 있다. 외투 안쪽으로 집어넣고 있는 오른손의 포즈는 그 시절 상투적인 촬영자세라고는 하지만, 나머지 왼손마저 호주머니 속에 넣은 모습은 반항적인 시인의 성격을 단적으로 보여준다. 사실 모

선원 외투를 입은 샤를르 보들레르

델의 의상과 표정을 통해 그의 남다른 습성을 파악하는 데에 나다르는 타의 추종을 불허한다. A라인의 헐렁한 의상은 호리호리한 시인의 체격을 더욱 강조하고, 강렬한 시선은 그의 얼굴의 세련된 용모를 더욱 돋보이게 하고 있다.

　같은 해 찍은 아래 사진은 그 제목 「안락의자에 앉은 보들레르」처럼 독특한 소품과 자세가 눈길을 끈다. 팔걸이의자에

안락의자에 앉은 보들레르

깊숙이 앉아 상체를 뒤로 젖히고 상념에 빠져 있는 시인은 눈을 반쯤 감고 있어 더욱 울적해 보인다. 『악의 꽃』과 『파리의 우울』의 시인답게 '이상'을 추구할수록 더욱 '우울'해질 수밖에 없었던 친구 보들레르의 성정을 익히 알고 있기에, 나다르는 이토록 비통한 내면을 담은 감동적 이미지를 만들어 낼 수 있었던 것이다. 한편 이 사진이 1855년 3월 25일 이전에 촬영된 것이 확실한 이유는, 나다르의 모친 투르나숑 부인이 모자지간의 불화 때문에 그 날짜에 이사해 나가면서 자신이 애지중지하던 바로 이 의자를 가져가 버렸기 때문이다.

또 하나 지적해 두어야 할 것은 사진의 좌측상단에 보이는 Nadar라는 자필 서명에 관해서이다. 이 멋들어진 사인의 독점 사용권을 위해 한때 동업자였던 동생 아드리엥과의 소송도 불사했던 나다르는 나름의 서명행위를 통해 자신의 초상사진들이 예술작품임을 애써 증명하려 했던 것이다.

다음 페이지에 실린 사진은 1856년 작으로, 원판이 분실되어 더 이상의 인화가 불가능한 작품인데 개인이 소장하고 있다가 근자에서야 공개된 것이다. 보는 이의 마음을 뒤흔드는 우수 짙은 시선은 고통에 찬 보들레르의 얼굴을 부각하고 있고, 세련된 의상과 우아한 포즈에서 천재 시인의 도발적인 오만함이 슬쩍 엿보인다. 특히 몸을 약간 앞으로 숙인 자세의 신비스러운 실루엣은 인물 주변에 나다르 특유의 '흐릿한' 후광효과를 만들어 낸다. 나다르가 찍은 수많은 지성인 모델 중에서 보들레르만큼 표정과 포즈, 의상과 배경에 정통하여, 마치

원판이 분실된 보들레르의 사진

연출을 겸한 배우처럼 촬영 자체에 능동적으로 개입한 사람도
아마 없을 것이다.

　다음 페이지의 사진은 위의 사진과 같은 날에 찍은 것으로,
흔들린 상태 때문에 꽤나 유명한 작품이다. 『사진의 문학적
발명』의 저자 제롬 텔로 같은 사람은 특별히 이 사진만을 따
로 떼어 분석하고 있다. 정면을 뚫어지게 응시하던 앞의 사진

봄식인 초상 사진

과는 달리, 여기에서 시인은 얼굴을 약간 돌리며 막 움직이고
있다. 텔로는 이 실패한 초상화에 대해 "사진 앞에서의 시의
저항을 암시하는 것"이라는 다소 편협한 평을 하고 있다. 아
무튼 시인의 영혼을 한 컷의 이미지 안에 고정시키려는 나다
르의 의도는 보들레르가 움직여 본인의 이미지로부터 벗어남
으로써 받아들여지지 않은 것이다. 마치 경기 중에 투수와 포

1862년의 초상사진

수가 서로 주고받는 사인이 어긋난 것과 같은 상황이다.

위의 사진은 1862년 작으로 선명한 명암의 대비가 인상적이다. 65쪽에 실린 사진에서와 비슷한 헤어스타일 및 복장을 하고 있지만, 불과 6년의 차이가 무색할 정도로 시인의 노쇠한 모습이 역력하다. 잠복하고 있던 지병인 매독이 재발되는가 하면, "진정한 문인이 부끄러워하지 않고 바랄 수 있는 유일한 명예"라며 필사적으로 매달리던 아카데미 프랑세즈 회원 입후보를 본인의 의사에 反해 사퇴하던 시기라 그런지, 단정한 흰 셔츠가 헐렁해 보일 정도로 수척해지고, 삶에 환멸을 느껴 지친 모습이다.

이 무렵 보들레르는 심기일전이라도 하듯이 머리를 짧게 자르는데, 그것을 나다르가 아닌 다른 사진가 에티엔 카르자 (1828~1906)가 촬영한 것이 72쪽의 사진이다. 나다르에게는 모델의 성격과 심리를 본능적으로 파악해 내는 혜안 이외에도 자산이 둘 더 있었는데, 그중 하나는 해부학적으로 사람 얼굴을 연구해 온 것이며 또 다른 하나는 현상, 인화 등 사진기술에 있어 빼어난 장인의 솜씨였다. 이로 말미암아 그는 동시대의 여타 초상사진사들이 감히 넘볼 수 없는 발군의 위치를 차지할 수 있었다. 그러나 굳이 단 하나의 예외에 해당하는 것이 카르자로서, 그 역시 신문만평가 출신으로 작가와 배우들의 사진을 주로 찍었다. 현재 파리의 프랑스국립도서관이 소장하고 있는 이 사진은 표정이 너무나 차갑게 경직되어 있어 '마스크' 같다는 지적이 있음에도 불구하고 작품 속 인물의 더할 나위 없이 완벽한 자세, 셔츠와 양복의 흑백대비 위로 뚜렷한 얼굴 윤곽을 결정짓는 극적인 명암의 교차, 그리고 무엇보다

카르자가 찍은 보들레르

도 불안한 공허감이 배어나는 형형한 눈빛으로 단번에 시선을 끈다. 이 사진은 카르자의 대표작임에도 불구하고 한동안 나다르의 작품으로 통할 정도로 내면 심리를 성공적으로 표출한 초상사진의 백미이다.

이어지는 사진 역시 에티엔 카르자가 찍은 것으로, 「그림들을 배경으로 한 샤를르 보들레르」라는 제목의 1863년 작품이

그림들을 배경으로 한 샤를르 보들레르

다. 이 사진의 독창적 매력은 지극히 자연스러운 시인의 포즈
에서 기인하는데, 고역스러운 촬영 작업과정에도 불구하고 자

신을 연출하는 데 적극적인 보들레르의 표정에는 생동감이 있다. 게다가 이 사진은 나다르의 작품들처럼 초점이 약간 안 맞은 듯 어딘지 흐릿한 구석이 있어 기품 있는 은은한 분위기도 갖고 있다.

이미 시인이 오래 전에 죽어 사라져 버린 지금, 보들레르의 절친한 친구들이었던 나다르와 카르자가 찍어서 남긴 사진들을 꼼꼼히 들여다보는 동안 내내 필자는 다음과 같은 엉뚱한 상념이 떠오르는 것을 자제할 수 없었다. 이 감동적인 몇 장의 이미지야말로 '보들레르'라는 거대한 신화를 통째로 떠받들고 있는 원형인 것은 아닐까? 나다르와 카르자가 없었더라도 과연 '보들레르'라는 상징체계가 지금처럼 완벽한 모습일 수 있었을까? 알 수 없는 일이다.

『보들레르 ^{사전}』

『보들레르 사전』. 2002년 말 프랑스 지방의 한 출판사에서 소리 소문도 없이 간행된 전화번호부 같은 외양의 두꺼운 이 책자는 그 저자, 내용과 체제구성에 있어 문학사적으로 각별한 의미를 띠고 있다.

우선 우리의 눈길을 사로잡는 것은 『사전』의 저자가 20세기 보들레르 연구에 있어 최고봉을 이룬 클로드 피슈아Claude Pichois라는 점이다. 피슈아는 이미 1975년과 이듬해에 걸쳐서 프랑스 고전문학의 비평판批評板만을 엄선, 간행하는 갈리마르 출판사의 '플레이아드 총서'에 두 권으로 이루어진 『보들레르 전집』을 펴내며 명실 공히 대표적 보들레리앙으로 입지를 굳힌 국제적인 명성의 학자이다. 그가 구두점 하나까지도

대조해가며 보들레르 전 작품의 텍스트를 확정한 후, 연보와 서지를 포함한 상세한 주석을 붙이고 해설을 쓴 『전집』은 현재 세계 도처에서 이루어지는 보들레르 연구에 인용되는 정격본正格本으로 쓰인다. 같은 총서로 전집보다 앞서 1973년에는 또 다른 성격의 작품으로 높이 인정·취급되는 방대한 분량의 『보들레르 서간집』상, 하권이 상재上梓되었는데, 이 또한 피슈아의 남다른 노고의 산물이었다.

젊은 학자 시절 남불의 프로방스 대학에서 교편을 잡기 시작한 피슈아는 동료들과 더불어 본격적으로 보들레르 연구에 몰두하게 되는 스위스의 바젤대학을 거쳐, 테네시주州 소재 밴더빌트대학에 초빙되어 이곳을 미국 내 보들레르 연구의 본산으로 성장시켜 놓았다. 그리고 정년을 얼마 앞두고 귀국한 후 파리 소르본 누벨대학에 적을 두고 심혈을 기울여 집필 완료한 책이 『보들레르 평전評傳』이다. 전기 분야의 기념비적 저작이라는 평가를 받는 7백 쪽이 넘는 방대한 『평전』의 출판 연도는 1987년으로, 여기에는 「백년 후에」라는 의미심장한 권두언卷頭言이 붙어 있다. 이는 시인이 사망한 지 20년이 되던 1887년에 으젠 크레페가 최초의 보들레르 전기를 출간한 이후 꼭 백 년의 성상星霜이 지났음을 환기시키며, 동시에 이제야 보들레르학學이 정상 궤도에 진입했음을 자축하는 뜻 깊은 선언문이었다.

1887년부터 1987년, 이 한 세기는 크레페Crépet 부자父子를 필두로 수많은 천재들이 달라붙어 시인의 고단한 삶의 작은 쉼표 하나까지도 구석구석 파헤쳐 복원해온 세월이었다. 그래도 여전히 풀리지 않는 전기상의 문제들—예를 들면 석연치 않은 모친 오픽 부인의 가계家系와 잔느 뒤발로 알려져 있는 정부情婦의 성명姓名 그리고 『악의 꽃』과 『인공낙원』에 한 번씩 등장하는 J.G.F.라는 인물의 모호한 정체 등등—이 남아있다고 피슈아는 솔직히 밝히고 있다.

그러나 이는 오히려 연구의 완결성에 대한 저자의 당당한 자신감이 느껴지는 부분이다. 평전이란 미지의 사실들을 새로 밝혀내기도 해야겠지만, 이미 알고 있는 사실들의 재해석 또한 중시해야 한다. 때문에 위의 대목에서 문학적 상상력을 갖춘 역사학자로서의 저자의 진면목이 유감없이 발휘되었다고 볼 수 있는 것이다. 한편 전기란 대상 인물보다도 그것을 쓴 전기 작가에 대해 더 많은 것을 알려 준다는 속설을 증명이라도 하려는 듯, 완벽주의자 피슈아는 10년 후 출판사를 바꾸어 『평전』의 개정판을 내놓게 된다. 이때만 하더라도 피슈아의 보들레르 연구는 그럭저럭 마무리되는 듯 보였다.

그러나 80세를 눈앞에 둔 피슈아가 펴낸 특이한 형식의 『보들레르 사전』을 앞에 대하니, 존경의 차원을 넘어 그에 대한 경외심까지 드는 것이 사실이다. 다양한 종류의 문학사전은 많이 있지만, 오로지 어느 특정 작가나 시인만을 다룬 개인 사전은 분명 흔치 않을 일이리라. 5백 쪽이 넘는 이 사전 안에는 시인과 관련된 인물과 장소, 문학 장르와 주제, 작품과 잡지, 사진과 그림 자료들이 알파벳 순서에 의해 차곡차곡 정리되어 있다. 인물의 예를 들자면 가족과 친지, 출판사 사장이나 편집장들로부터 창녀, 빚쟁이들과 하녀, 심지어 작품 속 등장인물에 이르기까지 총망라되어 있다. 보들레르의 영향을 받은 후배 시인들과 더불어 벤야민, 사르트르와 본느프와 등 주요 보들레르 연구가들을 다룬 항목도 찾아 볼 수 있다. 일생을 바쳐 연구하는 보들레르에 대한 깊은 애정과 이를 떠받쳐주는 학문적 기량 없이는 감히 생각조차 할 수 없을 『사전』의 출판과 관련해서 반세기 전, 피슈아가 보들레르학에 입문할 당시의 에피소드 하나를 소개해 본다.

파리의 부유한 상인가문에서 1925년 장남으로 태어난 클로드 피슈아는 당연히 가업을 이을 생각으로 상업학교에 진학하였으나, 독서를 통해 심오한 문학의 세계를 접한 후 소르본대학에서 본격적으로 19세기 문학비평과 독일 낭만주의 연구를 시작한다. 이 무렵 지도교수의 추천으로 만나게 된 인물이 크레페 부자의 아들인 자크 크레페(1874~1952)이다. 보들레르 연구의 초석을 놓은 아버지 으젠 크레페는 시인 생전에 『프랑스 시인선』을 편찬하는 과정에서 보들레르를 알게 됐지만, 시인의 까다로운 성격 탓에 이내 불편한 사이가 되고 만다. 그러나 보들레르 사후 미발표 원고 뭉치가 수중에 들어오는 횡재를 만난 것을 계기로 1887년 으젠 크레페는 『사후 작품집』을 발간하게 되었고, 여기에 함께 수록된 것이 위에서 언급한 예의 보들레르 최초의 전기였다.

사후 20년 만에야 보들레르가 프랑스 문학사 속에 정식으로 편입되는 계기를 제공한 이 작품집이 그로부터 20년 후 절판되자, 자크 크레페가 선친의 위업을 이어 받아 재판을 발행한다. 이를 위해 그동안 흩어져 버린 시인의 편지들을 수집하는 등 보들레르 관련 자료를 상당 부분 모으게 된다. 여세를 몰아 크레페는 1922년부터 그의 사후인 1953년까지 무려 31년 동안 코나르 출판사에서 총 19권에 이르는 『보들레르 전집』을 연속적으로 간행하게 되는데, 노쇠하여 지친 그를 돕기 위해 조수로 채용된 이가 바로 클로드 피슈아였다.

철저한 고증학적 입장을 고수하며 1942년과 1949년에 각각 펴낸 『악의 꽃』과 『내면 일기』의 평석판評釋版들로 최고의 명성을 누리며, '보들레르 연구자의 왕'으로 불리던 크레페에게 이 무렵 손자뻘 조수인 피슈아는 보들레르에 관한 사전 같은 것을 편찬해 보자고 건의했다. 마침 1948년에 이들의 한 지인이 『스탕달 소사전』을 세상에 내놓았기 때문이었다. 의욕에 넘친 신참 연구자의 치기 어린 제안으로 들렸을지 모를 이 계획이 54년 만에 기어이 실현된 것을 보니, 필자는 연구에 평생을 받친 학자가 그 긴 탐구의 여정에서 수집한 방대한 지식들을 한곳에 모아 정리하다 보면 어쩌면 이런 사전과 같은 모습이 될 수밖에 없으리라는 생각이 절로 들었다.

사실 보들레르 자신도 시집 『악의 꽃』에 대하여 "세상의 모든 고통들을 담아 놓은 사전"이라 자평한 바 있다. 피슈아 본인에게는 분명 사적私的 추억의 앨범일 『보들레르 사전』이 후배 보들레리앙들에게는 다시없는 교과서이자 진귀한 보물

창고로 새로운 연구의 산실이 되리라. 『전집』 『서간집』 『평전』 그리고 『사전』에 이르기까지 보들레르 연구사에 있어 최초의 그랜드 슬램을 이룬 피슈아에게 필자는 다시금 한없는 경의를 표한다.

클로드 피슈아는 혼신을 다한 『보들레르 사전』을 출간한 지 얼마 되지 않은 2004년 10월 12일 79세를 일기로 타계하였다. 그리고 우리는 보들레르라는 궁궐을 건사하고 보전할 새로운 대목장大木匠의 도래를 기다리고 있다.

『악의 꽃』에의 초대

독일의 문예학자 후고 프리드리히가 주저主著 『현대시의 구조』에서 "'현대'라는 말은 보들레르 이후의 시대를 지칭한다."라고 적시하다시피, 보들레르가 새 시대를 연 것은 분명한 사실인가 보다. 그러나 생삭 당내에는 아주 소수의 혜인을 기진 이들만이 그에게서 현대시의 태동을 보았을 뿐(그중 문호 위고는 "새로운 전율"을 만들어 냈다고 격찬했다), 거의 대부분의 사람들에게 보들레르는 대담한 필화筆禍 사건으로 물의를 빚은 장본인 정도로만 알려져 있었다. 공포와 혐오감을 불러일으켜 공중도덕과 미풍양속을 해친다는 이유로 6편의 시가 삭제되고, 벌금형을 선고받은 사건에는 사실 아리송한 의미와 노골적인 표현으로 악을 찬미하고 있는 듯한 시집명이 일조하였다. 선善이라는 것이 정돈된 질서나 기존의 굳어버린 체제 속에서 발견된다면, 이를 과감히 벗어나 악惡을 찾아 선뜻 나서는 일이야말로 자유를 추구하는 인간의지임과 동시에 이미 창조적 예술행위에 가담하는 사실임을 깊이 공감하는 이는 매우 극소수였다(소설 『보바리 부인』이 외설적이란 이유로 기소되어 보들레르와 비슷한 홍역을 치른 바 있는 플로베르는 이 저주받은 시집에 심취하여 한줄 한줄을 탐독하였다고 한다).

또한 문학 외적 요인으로는 보들레르 본인이 자초한 '기괴한 시인'이라는 평판도 분명 함께 작용했음에 틀림없다. 그는 그 당시 부상하던 이념인 민주주의와 자본주의를 폄훼하며 꽤나 시대착오적인 정신적 귀족주의를 표방하는 당디즘을 설파하는가 하면, 자신이 금방 한 말 또한 손바닥처럼 뒤집는 역설의 명수였다(차라투스트라도 시인들은 너무 거짓말을 한다고 질타한 바 있다. 그러나 바타이유는 차라투스트라 그 역시 시인임을 지적하였다). 게다가 출생도 불분명한 흑백혼혈의 창녀 잔느 뒤발과의 애증 섞인 떠들썩한 동거 생활은 차치하더라도, 도처에 수두룩한 빚쟁이들을 피해 파리 시내에서만도 수없이 이사를 다니는 등 보들레르는 문란한 사생활로 악명을 떨쳤다. 그러나 이렇게 과장된 모습 밑에는 세상의 모든 고통을 하나 둘씩 체험하는 과정에서 어렵사리 형성되어 가는, 보들레르 자신만의 독특한 시 세계가 감추어져 있었다.

인간 보들레르의 비극은 나이 차가 많은 부모 사이에서 태어난 후 이어지는 부친의 사망과 모친의 재혼, 의부와의 불화 등으로 기본 틀이 설정되어 있는 듯하지만, 금치산 선고와 법정후견인의 설정이 직접적인 촉발 원인이 된다. 조숙하다 못해 조로했던 시인은 이로써 법적으로는 미성년자로 여생을 살아야만 했는데, "천재란 의지력으로 어린 시절을 되찾은 사람"이라는 그의 평소 지론과 이렇게 냉혹한 현실의 괴리는 너무도 컸다.

시인 자신에게는 분명 "혹독한 책"이었을 『악의 꽃』의 책장을 새삼스레 다시 펼쳐본다. 첫 장에는 존경하는 스승이자 절친한 친구였던 테오필 고티에를 위한 "이 병든 꽃들을 바치며"라는 헌사가 들어있다. 그는 고티에를 일컬어 "프랑스 문학의 완벽한 마술사이자, 완전무결한 시인"이라 부르고 있지만, 정작 이 칭호가 제격인 이는 보들레르 자신뿐이리라.

상징적인 숫자인 100편의 시로 구성되어 있는 『악의 꽃』 초판 중 처벌을 받은 6편의 시를 제외한 나머지와 신작시들을 합친 재판은 1861년 시인의 각별한 관심 속에 출간된다. 재판된 『악의 꽃』에는 결코 우열을 논할 수 없는 126편의 시가 수록되어 있는데, 그중 필자의 뜻대로 몇 개를 추려 번역·소개한다. 보들레르의 정원에서 꽃 몇 송이 화분에 담아 왔으니, 아직 생기가 남아 있다면 산뜻한 색과 짙은 향기를 완상玩賞하시길...

알바트로스

자주 선원들은 심심풀이로 붙잡는다
거대한 바다새인 알바트로스를
아득한 심연 위를 미끄러지듯 나아가는 배를
태평스레 뒤따르는 길동무를.

선원들이 갑판 위에 내려놓자마자
창공의 왕자王者는 서툴고 창피해하며
그 크고 하얀 날개를 배의 노처럼
가련하게 질질 끌고 다닌다.

날개 달린 이 여행객은 얼마나 어색하고 무기력한가 !
조금 전까지도 멋있던 그는 얼마나 우습고 추해 보이는지
선원 하나가 담뱃대로 그의 부리를 성가시게 하고
절뚝거리며 다른 이는 더 이상 날지 못하는 불구자를 흉
내 내는구나 !

시인은 폭풍우를 넘나들고 사수들을 비웃는
이 구름 속의 왕자王子와 비슷하다.
야유 속에 지상에 유배당하니
거인의 날개가 걷기조차 힘겹게 하는구나.

1859년에 발표된 「알바트로스」는 오래 전의 인도양 항해

의 기억을 담고 있다. 1842년 방탕한 청년기를 보내던 시인의 교정책으로 가족회의는 반강제적으로 인도행 배에 태워 보내기로 결정했는데, 도중 폭풍우를 만나 배가 중간 기착지에 정박하자 시인은 더 이상의 여행을 거부하고 돌아오는 배편으로 귀국하고 만다. 10개월이 걸린 이 여정은 이국적인 열대 풍토를 보들레르의 작품 세계에 도입하는 계기가 되었다.

"지상에 유배당한" 시인의 저주받은 운명을 붙잡힌 해조海鳥로 비유하고 있는 명시. 나래를 활짝 펴고 유유히 창공을 날며, 표표히 세상을 굽어보아야 할 알바트로스가 어쩌다가 속인들의 야유와 조롱의 대상이 되었는가. 천재의 상징인 "거인의 날개"는 어디에 감출 수조차 없어 이 곳의 삶을 더욱 힘들게 한다. 그러나 어떠한 학대와 멸시로도 '영웅' '성자' '귀족'의 본질을 훼손할 수 없다. 후세에 찾아올 불멸의 영예를 시인이 확신하는 경우에는 더더욱.

교감

자연은 살아있는 기둥들이 때때로
어렴풋한 말들을 새어나오게 하는 사원.
인간은 친밀한 시선으로 그를 지켜보는
상징의 숲을 통해 여기로 들어간다.
밤처럼 또 빛처럼 광막한
어둡고도 깊은 통일 속에서

저 멀리 서로 섞이는 긴 메아리처럼
향기와 색깔 그리고 음향이 서로 화답하누나.

아이의 살과 같이 신선하고, 오보에 소리처럼 감미로우며
초원처럼 푸른 향기들이 있다
―다른 향들은 부패하고, 풍성하고 기氣 승하여

정신과 감각의 흥분을 구가謳歌하는
용연향, 사향, 안식향, 훈향으로서
사물들을 끝도 없이 펼쳐 놓는구나.

보들레르의 '상징시학'을 스스로 구현하고 있는 유명한 시.
"영혼이 초자연적인 어떤 상태에 있을 때에는, 아무리 평범한
풍경이나 사물일지라도 그 속에 생명의 깊이가 그대로 드러날
수가 있다. 이것이 곧 상징symbole이 된다."는 시인의 언급은
상징주의가 결국은 자연 또는 타인과의 교감의 미학임을 단적
으로 보여준다.

우주만물이 상징과 암호이며, 그 뜻을 해독하는 사람이 바
로 시인이기에 그는 시적 상상력과 유추의 힘을 빌어 오감의
영역을 훌쩍 뛰어 넘게 된다. 바로 이 경지에서 마주치는 것이
초자연적 공감각의 세계로서, 서로 다른 감각들이 교류하는
것이다. "향香, 색色, 음音이 서로 화답하는" 가운데서도 시의
후반부가 전적으로 향기만을 다루고 있다는 사실은 특기할 만

하다. 오감 중에서도 후각이 추억을 불러일으키는 환기력과
더불어 농담음영濃淡陰影의 탁월한 조응효과를 지녔음을 시인
은 일찌감치 간파했던 것이다.

전생前生

바다의 태양이 수많은 불길로 물들이고,
곧고 장대한 기둥들로
밤이면 현무암 동굴처럼 보이던
널따란 주랑 아래 난 오랫동안 살았네.

하늘의 모습을 뒤흔드는 넘실대는 파도는
내 눈에 어리는 낙조의 색깔에
자신의 풍요로운 음악의 전능한 화음을
신비롭고 장엄하게 섞고 있었어.

파란 하늘과 물결, 그리고 눈부신 햇살 속에
고요한 관능에 싸여 내가 살던 곳은 바로 거기.
그때는 향기 짙게 밴 벌거벗은 노예들이
종려나무 가지로 내 이마를 식혀주고 있었지.
그들의 유일한 걱정거리란 나를 번민하게 하는
은밀한 고통을 더 키우지나 않나 하는 것.

뜨거운 열기를 가려주는 종려나무 그늘 아래 짙은 향의 관

능과 한없이 게으른 자세…… 보들레르의 이국적 상상력이
빚어낸 전형적인 광경이다. 전혀 존재하지도 않았던 이상화된
과거에 대한 시인의 기억이 생생할수록 그 묘사는 더욱 허구
적으로 보인다. 그럼에도 '상상에 불과한 이 "전생"이 인간의
시간에 이미 내재되어 있는 것은 아닌가'라는 상념이 불현듯
뇌리를 스친다.

　그런데 이 시의 "나"를 "은밀한 고통으로 번민케 하는" 대
상이 눈앞의 "벌거벗은 노예들"이 아니라면? 시인의 전생을
살고 있는 "내"가 진정 욕망 하는 대상이란 다시금 자신의 전
생이란 말인가? 끊을 수 없는 노스탤지어의 순환 고리.

이국적 향기

가을의 무더운 밤 두 눈을 감고,
뜨거운 너의 가슴 냄새를 들이마시면,
단조로운 태양의 불길로 눈이 부신
행복한 해변이 눈앞에 전개되도다.

진기한 나무들과 맛있는 과일들을
자연이 제공하는 게으른 섬 하나.
원기 있고 늘씬한 몸매의 사내들과
솔직한 눈매가 놀라운 여인들.

너의 향기 따라 매혹적인 고장으로 이끌린 내겐
바다 물결에 아직도 지쳐있는
돛대로 가득 찬 항구가 하나 보이네,

공기 중을 떠돌다 콧구멍을 벌렁거리게 하는
초록 타마린드 나무 향내가
내 마음 속에서 선원들의 노래 소리에 섞여들 때면.

　　이 시는 '검은 비너스'라는 별명으로 불렸던 정부情婦 잔느
뒤발에게 바쳐진 일련의 시편들 중 하나이다. 모계 쪽으로 3
대가 창녀였으며(뒤발도 외할머니의 성이다), 출생년도조차 불
명확한 잔느를 시인이 처음 만난 것은 1842년으로, 당시 그녀
는 소극장에서 하녀 역을 연기하는 삼류배우였다. 이후 1856
년 결별하기까지 14년 간 지속된 이들의 관계는 잔느의 찬란
한 젊음과 눈부신 미모에서 비롯된다. 검은 피부와 커다란 두
눈, 정교한 코의 윤곽과 단정한 입매, 풍성하고 푸른빛이 도는
짙은 곱슬머리, 늘씬한 키에 멋진 "가슴" 그리고 낮게 울리는
목소리…… 게다가 자존심이 지나쳐 거만해 보이는 성격은
시인을 단번에 사로잡아 '내 아내'라고 부르며 동거를 시작하
지만, 그녀의 무식함과 정숙하지 못한 태도 그리고 시인의 집
착하는 성격 탓에 과격한 언쟁과 싸움이 끊이질 않았다. 1859
년에는 동정심에서 중풍에 걸린 잔느를 잠시 돌봐주기도 하지
만, 1864년 이후 그녀는 시인의 삶에서 완전히 사라지고 만다.

관능적인 잔느와의 입맞춤과 애무라는 대담한 쾌락과 아찔한 도취에서 영감을 얻은 이 작품의 포인트는 보들레르 자신의 개인사個人事 묘사가 아니라 '여인=섬'이라는, 즉 "너의 가슴"과 "매혹적인 고장"이 서로 포개지는 시적 효과를 만들어 보려는 미학적 시도에 있겠다.

『악의 꽃』의 도입부 중 비교적 잘 알려져 있는 2번, 4번, 12번, 22번 시편들을 읽어 보았다. 그러나 생전에 이미 보들레르가 자신보다도 더 오래 살아남을 것이라고 확신했던 이 한 권의 시집을 독자들이 손수 펼치기를 권한다. 불여일견不如一見. 성서로 인도하려는 옛 성자의 흉내를 내서 말하자면, "Tolle, lege!(들고 읽어라!)" 시집 중의 시집을.

보들레르 연보

1821년 : 4월 9일 파리에서 샤를르 보들레르 출생.

1827년 : 2월 10일 부친 사망.

1828년 : 11월 8일 오픽 소령과 모친 재혼.

1831~1839년 : 의부의 부임지를 따라 리옹에 이어 파리의 루 이 르그랑 중등학교에서 수학.

대학입학 자격시험 합격.

1840년 : 네르발, 발작 등의 문인들과 교류 시작.

1841~1842년 : 방탕한 생활로부터 보들레르를 떼어놓기 위한 의 부의 주선으로 모리스섬과 부르봉섬을 여행함.

1842년 : 고티에와 방빌과 만남. 잔느 뒤발과 교제.

1843년 : 피모당 호텔에 거처를 정함. 낭비벽으로 빚을 지기 시작.

1844년 : 모친의 요구로 보들레르에게 법정후견인이 지정됨.

1845~1846년 : 해마다 『미술평』을 출간.

1845년 : 6월 30일 자살 시도.

1846년 : 4월 15일 신문 「대중의 정신」에 에세이 「문학청년들에 게 주는 충고」 게재.

1847년 : 단편 「라 팡파를로」 발표.

1848년 : 2월 혁명과 6월의 노동자폭동에 가담. 잔느 뒤발 문제로 모친과 불화.

1851~1852년 : 정치사상가 드 메스트르와 미국시인 포 발견.

사바티에 부인에게 편지를 보내기 시작.

1853~1856년 : 빈곤한 시기. 사바티에 부인에게 계속 편지를 보 냄. 「르 페이」지에 포의 번역을 연재.

논문 「웃음의 본질」 발표.

1855년 : 6월 1일 『양세계』지는 보들레르의 18편의 시를 「악의 꽃」이라는 제목으로 게재.

1857년 : 의부 사망.

6월 25일 『악의 꽃』 발매.

7월 16일 시집 압류.

8월 18일 사바티에 부인에게 자신을 밝힘.

8월 20일 법원은 보들레르와 출판사에게 벌금형을 선고하고 6개 시편의 삭제를 명령.

8월 31일 사바티에 부인과의 교제 파경.

1858년 : 처음으로 심각한 지병의 발작이 일어남.

파리에서 일정한 거처 없이 잔느 뒤발 집에 기거.

옹플뢰르에 있는 모친 곁에서 함께 살 것을 고려.

1859~1860년 : 잔느 뒤발이 중풍에 걸리고, 보들레르는 파리 근교 뇌이유의 작은 아파트에 세를 얻어 환자와 동거.

『인공 낙원』 출판.

1861년 : 질병의 새로운 증상이 나타남.

『악의 꽃』 재판 출간.

「유럽」지에 음악 평론 「리차드 바그너와 탄호이저」 기고.

아카데미에 입후보.

1862년 : 잠복하고 있던 병의 특이한 징후가 나타남.

아카데미 후보 포기.

형이 반신불수를 수반한 뇌출혈로 사망.

산문시집 『파리의 우울』에 실릴 시편들을 발표하기 시작.

1863년 : 화가 들라크루와가 사망. 「국민여론」지에 추모논문 기고.

풍속화가 콩스탕텡 기에 관해 연구.

1864~1865년 : 벨기에로의 여행, 그곳에서의 일련의 강연 실패로 노여움과 곤궁함이 극에 달함.

산문집 『불쌍한 벨기에여!』 집필.

얼마간의 돈을 구하기 위해 파리에 단기간 체류 후 브뤼셀로 되돌아감.

자신에게 열광하는 말라르메와 베를렌느의 기사를 접하고, "이 젊은이들은 나를 몹시 무섭게 한다."라고 함.

1866년 : 현기증과 구토가 일어남.

3월 6일 우측 반신마비.

브뤼셀에서 입원 중 7월 모친에 의해 파리로 이송.

1867년 : 8월 31일 오전 11시 영면.

참고문헌

김붕구, 『보들레에르』, 문학과지성사, 1977.

윤영애, 『지상의 낯선 자 보들레르』, 민음사, 2001.

Baudelaire, *Correspondance I et II*, Gallimard, 1973.

_____, *OEuvres complètes I*, Gallimard, 1975(1993).

_____, *OEuvres complètes II*, Gallimard, 1976(1993).

_____, *Charles Baudelaire*, Fayard, 1996.

_____, *Passion Baudelaire -L'ivresse des images-*, Les Éditions Textuel, 2003.

Claude Delarue, *Baudelaire l'enfant idiot*, Belfond, 1997.

Claude Pichois, 'Chronologie' in Baudelaire, *OEuvres Complètes I*, Gallimard, 1975.

Claude Pichois, *Auguste Poulet-Malassis L'éditeur de Baudelaire*, Fayard, 1996.

Claude Pichois et Jean Ziegler, *Baudelaire*, Julliard, 1987.

Claude Pichois et Jean-Paul Avice, *Dictionnaire Baudelaire*, Éditions du lérot, 2002.

Gérard Bocholier, *Baudelaire en toutes lettres*, Bordas, 1993.

Henry Troyat, *Baudelaire*, Flammarion, 1994.

Jean-Pierre Giusto, *Charles Baudelaire - Les Fleurs du mal*, PUF, 1984(1993).

John E. Jackson, *Baudelaire*, Librairie Générale Française, 2001.

Magazine littéraire, No 418, *Baudelaire*, mars 2003.

Patrick Jusserant, *Charles Baudelaire un poète*, Gallimard, 1984.

보들레르 저주받은 천재 시인

| 펴낸날 | 초판 1쇄 2006년 7월 20일 |
| | 초판 3쇄 2013년 12월 10일 |

지은이	이건수
펴낸이	심만수
펴낸곳	(주)살림출판사
출판등록	1989년 11월 1일 제9-210호

주소	경기도 파주시 문발동 522-1
전화	031-955-1350 팩스 031-624-1356
기획·편집	031-955-4662
홈페이지	http://www.sallimbooks.com
이메일	book@sallimbooks.com

| ISBN | 978-89-522-0537-7 04080 |

376 좋은 문장 나쁜 문장 `eBook`

송준호(우석대 문예창작학과 교수)

어떻게 좋은 문장을 쓸 수 있을 것인가? 우선 좋은 문장이 무엇이고 그렇지 못한 문장은 무엇인지 알아야 할 것이다. 대학에서 글쓰기 강의를 오랫동안 해 온 저자가 수업을 통해 얻은 풍부한 사례를 바탕으로 문장교육을 제대로 받지 못한 독자들에게 좋은 문장으로 가는 길을 제시하고 있다.

051 알베르 카뮈 `eBook`

유기환(한국외대 불어과 교수)

알제리에서 태어난 프랑스인, 파리의 이방인 알베르 카뮈에 대한 충실한 입문서. 프랑스 지성계에 혜성처럼 등장한 카뮈의 목소리는 늘 찬사와 소외를 동시에 불러왔다. 그 찬사와 소외의 이유, 그리고 카뮈의 문학, 사상, 인생의 이해와, 아울러 실존주의, 마르크스주의 등 20세기를 장식한 거대담론의 이해를 돕는 책.

052 프란츠 카프카 `eBook`

편영수(전주대 독문과 교수)

난해한 글쓰기의 상상력으로 문학사에 커다란 발자취를 남긴 카프카에 관한 평전. 잠언에서 중편 소설 「변신」 그리고 장편 소설 『실종자』와 『소송』 그리고 『성』에 이르기까지 카프카의 거의 모든 작품에 대한 해석을 담고 있다. 또한 이 책은 카프카의 잠언과 노자의 핵심어인 도(道)의 연관성을 추적하는 등 새로운 관점도 보여 준다.

271 김수영, 혹은 시적 양심 `eBook`

이은정(한신대 교양학부 교수)

힘과 새로움으로 가득 차 있는 김수영의 시 세계. 그 힘과 새로움의 근원을 알아보고 지금까지와는 다른 새로운 독법으로 그의 시 세계를 살펴본다. 그와 그의 시에 대해 깊은 애정을 가진 저자는 김수영의 이해를 위한 충실한 안내자 역할을 자처한다. 김수영의 시 세계를 향해 한 발 더 들어가 보고자 하는 독자들에게 유익한 책이다.

369 도스토예프스키 `eBook`

박영은(한양대학교 HK 연구교수)

『카라마조프가의 형제들』과『죄와 벌』로 유명한 러시아의 대문호 도스토예프스키. 그의 작품에 등장하는 생생한 인물들은 모두 그의 힘들었던 삶의 경험과 맞닿아 있다. 한 편의 소설 같은 삶을 살았으며, 삶이 곧 소설이었던 작가 도스토예프스키의 생의 한가운데 서서 그 질곡과 영광의 순간이 작품에 어떻게 드러나는지를 살펴본다.

245 사르트르 참여문학론 `eBook`

변광배(한국외대 불어과 강사)

사르트르의『문학이란 무엇인가』에서 전개된 참여문학론을 소개하면서 억압받는 자들을 위한다는 기치를 높이 들었던 참여문학론의 의미를 성찰한다. 참여문학론의 핵심을 이루는 타자를 위한 문학은 자기 구원의 메커니즘에 문제가 생겼을 때 이 문제를 해결하고, 그 메커니즘을 보충하는 이차적이고도 보조적인 문학론이라고 말한다.

338 번역이란 무엇인가 `eBook`

이향(통역사)

번역에 대한 관심이 날로 늘어 가고 있다. 추상적이거나 어렵게 느껴지는 번역 이론서들, 그리고 쉽게 읽히지만 번역의 전체 그림을 바라보기에는 부족하게 느껴지는 후일담들 사이에 다리를 놓는 이 책은 번역의 이론과 실제를 동시에 접하여 번역의 큰 그림을 그리고자 하는 독자들에게 안성맞춤이다.

446 갈매나무의 시인, 백석 `eBook`

이숭원(서울여대 국문과 교수)

남북분단 이후 북에 남았지만, 그를 기리는 많은 이들의 노력으로 백석은 현재 우리나라에서 가장 주목받는 시인 중 한 사람이다. 이 책은 시인을 이해하는 많은 방법 중 '작품'을 통해 다가가기를 선택한 결과물이다. 음식 냄새 가득한 큰집의 정경에서부터 '흰 바람벽'이 오가던 낯선 땅 어느 골방에 이르기까지, 굳이 시인의 이력을 들춰보지 않더라도 그의 발자취가 충분히 또렷하다.

053 버지니아 울프 살아남은 여성 예술가의 초상 eBook

김희정(서울시립대 강의전담교수)

자신만의 독창적인 글쓰기 방식을 남기고 여성작가로 살아남는다는 것이 어떤 의미를 갖는지를 보여 준 버지니아 울프와 그녀의 작품세계에 관한 평전. 작가의 생애와 작품이 어우러지는 지점들을 추적하는 방식으로, 모더니즘 기법으로 치장된 울프의 언어 저변에 숨겨진 '여자이기에' 쉽게 동감할 수 있는 메시지들을 해명한다.

018 추리소설의 세계

정규웅(전 중앙일보 문화부장)

추리소설의 역사는 오이디푸스 이야기까지 거슬러 올라간다. 저자는 고전적 정통 기법에서부터 탐정의 시대를 지나 현대에 이르기까지 추리소설의 역사와 계보를 많은 사례를 들어 재미있게 설명하고 있다. 추리소설의 'A에서 Z까지', 누구나 그 추리의 세계로 쉽게 빠져들게 하는 책이다.

199 디지털 게임 스토리텔링 eBook

한혜원(이화여대 디지털미디어학부 교수)

디지털 시대의 새로운 이야기 양식을 소개한 책. 디지털 패러다임의 중심부에 게임이 있다. 이 책은 디지털 게임의 메커니즘을 이야기 진화의 한 단계로서 설명한다. 게임의 역사에 있어서 중요한 패러다임의 변화, 게임이라는 새로운 지평에서 펼쳐지는 새로운 이야기 양식에 대한 분석 등이 흥미롭게 소개된다.

326 SF의 법칙

고장원(CJ미디어 콘텐츠개발국 국장)

과학의 시대다. 소설은 물론이거니와 영화, 애니메이션, 만화, 게임 등 온갖 형태의 콘텐츠가 SF 장르에 손대고 있다. 하지만 SF 콘텐츠가 각광을 받고 있는 것에 비해 이 장르에 대한 깊이 있는 이해를 도울 만한 마땅한 가이드북이 존재하지 않는다. 이 책은 이러한 아쉬움을 채워주기 위한 작은 출발점이 될 것이다.

eBook 표시가 되어있는 도서는 전자책으로 구매가 가능합니다.

㈜살림출판사

www.sallimbooks.com

주소 경기도 파주시 문발동 522-1 | 전화 031-955-1350 | 팩스 031-955-1355